悦读丛书

浙江省社科普及全额资助项目

浙江省社科规划一般

——12KPCB10YB

世界遗产保护启示录

叶　晗　等著

浙江工商大學出版社
ZHEJIANG GONGSHANG UNIVERSITY PRESS

图书在版编目(CIP)数据

世界遗产保护启示录 / 叶晗等著. —杭州 ：浙江工商大学出版社，2013.12(2018.2 重印)

ISBN 978-7-5178-0025-5

Ⅰ. ①世… Ⅱ. ①叶… Ⅲ. ①文化遗产—保护—经验—世界 Ⅳ. ①K103

中国版本图书馆 CIP 数据核字(2013)第 241719 号

世界遗产保护启示录

叶 晗 等著

责任编辑 王黎明
封面设计 王妤驰
责任印制 包建辉
出版发行 浙江工商大学出版社
(杭州市教工路 198 号 邮政编码 310012)
(E-mail：zjgsupress@163.com)
(网址：http://www.zjgsupress.com)
电话：0571－88904980，88831806(传真)
排　　版 杭州朝曦图文设计有限公司
印　　刷 虎彩印艺股份有限公司
开　　本 710mm×1000mm 1/16
印　　张 16.25
字　　数 275 千
版 印 次 2013 年 12 月第 1 版 2018 年 2 月第 3 次印刷
书　　号 ISBN 978-7-5178-0025-5
定　　价 43.80 元

浙江工商大学出版社营销部邮购电话 0571－88904970

前　言

世界遗产历经岁月的淘洗，见证了古老地球文明缔造的一个又一个自然造化的奇观；也见证了悠久人类文明创造的一个又一个社会历史的奇迹，同时，也见证了人类为延续文明和维护进步而努力的一段又一段思想发展的历程。它们彰显了大自然的鬼斧神工，承载了人类的智慧和想象，是全世界人民共同拥有的物质和精神瑰宝。

世界遗产，特别是文化遗产，蕴含了特定民族、国家或地域人们独特的创造力和宝贵的精神财富，具有唯一性和不可再生性，是社会得以延续的命脉和源泉。保护世界遗产就是保护地球环境，传承人类文明，尊重文化多样性，增进民族团结和维护国家统一及国际社会稳定的文化基础，是促进人类共同发展的重要前提。

人类对世界遗产的保护经历了从任其自生自灭到小范围保护，再到全球性协作保护的自发到自觉的漫长过程。世界遗产保护观念、对象和范围的不断发展，反映了人们对遗产价值和人类文明思考的不断深入。1972 年 11 月 16 日，联合国教育、科学及文化组织颁布了以保护人类自然环境与人文环境为宗旨的《保护世界文化和自然遗产公约》（简称《世界遗产公约》），从此开启了世界遗产国际认证和保护的崭新篇章。

在经济全球化、文化趋同化的背景下，遗产保护是一项长期、艰巨而富有挑战性的国际难题。自从加入《保护世界文化和自然遗产公约》等国际公约以来，中国文化遗产保护的国际间合作越来越频繁。但近年来的实践表明，我国文化遗产保护的许多理念在接轨国际方面还有较大的差距。因此，了解世界遗产保护先进的理论与原则，借鉴各国保护遗产先进的方法与经验就显得十分迫切。

一个国家拥有世界遗产的数量，不仅反映这个国家拥有悠久的历史，灿烂的文明，丰富的想象力和创造力，更反映这个国家保护遗产的意识和国民的素质。

尊重、合作、共享、和平、发展，这些世界遗产申报与保护中屡屡强调的关键词也正是现代社会人们应该具有的基本素质。因此，开展世界遗产的普及性教育意义高远。

本书旨在通过世界遗产保护的典型案例，让公众了解遗产保护观念的变迁、原则、评价体系、制度与方法，以普及遗产保护的知识，传播世界遗产保护的先进理念和方法，提高公众的遗产保护意识。

本书力求实现体系科学严密、内容全面丰富、体例统一清晰、风格生动活泼四个特点。

体系科学严密，即本书虽然是案例集锦，但却有着严密的理论和逻辑体系。全书分为类型、原则、组织、法制、价值五个篇章。从宏观的遗产类别与标准、国际准则、组织管理、法制建设、普世价值到微观上各种重要的不同类型遗产保护的具体方法均有述及，具有严密的理论性和逻辑性。

内容全面丰富，即本书精选的四十个案例，在内容上不仅能够涵盖世界遗产的各种类别，而且能够较为全面地反映世界遗产保护的发展历程、观念变迁以及遗产保护先进国家的重要经验。

体例统一清晰，即本书力求信息齐全，文字简明，格式一致。每个案例统一为遗产信息、遗产特色、遗产保护、保护模式、经验借鉴五个部分，对每一个所选遗产的基本信息、特征特色、保护历程中的重大事件、保护的典型模式以及启示意义进行生动描述与深入剖析。其中遗产信息又包含了遗产的中文名称、英文名称、遗产地址、遗产类型、批准时间、评定标准、遗产评价七条反映世界遗产名录、世界遗产委员会等评价的重要信息，可以使读者便捷有效地了解到有关遗产的基本概貌。

风格生动活泼，即本书语言生动，并配以多幅反映世界遗产及其保护丰富面貌的精美图片。全书的可读性和视觉效果出色，符合世界遗产特有的气质。

世界遗产是了解地球与世界的窗口，是传承思想与文化的标志，是启迪智慧与创造的灯塔。衷心期望本书能为社会公众了解世界遗产的精华，普及遗产保护的先进经验，增强保护人类共同财富的责任感，树立多元、尊重、合作、共享的普世价值观，提供一个有价值的读本。

谨以此书纪念《保护世界文化和自然遗产公约》颁布四十一周年！

叶　晗

2013 年 8 月 1 日

CONTENTS | 目录

类型篇

自然遗产：黄石国家公园 / 004
文物：秦始皇陵 / 09
遗址：吴哥 / 015
建筑群：法隆寺地区的佛教古迹 / 020
历史街区：里昂历史遗迹 / 025
文化路线：圣地亚哥·德·孔波斯特拉朝圣之路 / 030
古村落：皖南古村落——西递、宏村 / 037
文化与自然双遗产：黄山 / 043
文化景观：汤加里罗国家公园 / 048
口头传说和表述：塞梅斯基人的文化空间与口头文化 / 054
风俗、仪式、节庆：江陵端午祭 / 059
表演艺术：侗族大歌 / 065
传统手工艺技能：龙泉青瓷传统烧制技艺 / 073

原则篇

可识别原则：威尼斯及潟湖 / 079
整体保护原则：巴西利亚 / 086
最少干预原则：福建土楼 / 093
原真保护原则：杭州西湖文化景观 / 100
可持续发展原则：丽江古城 / 107
教育保护原则：曲阜孔庙、孔林和孔府 / 112
活态保护原则：昆曲 / 121
伦理保护原则：甘肃花儿 / 128

组织篇

联合国教科文组织的职能：巴米扬山谷文化景观和考古遗址 / 134
中央政府的职能：长城 / 140

世界遗产地的政府责任：埃尔比斯开诺鲸鱼禁渔区 / 146
科研机构的职能：莫高窟 / 151
社团组织的职能：布莱尼姆宫 / 157
教育机构的职能：罗马历史中心 / 164
共同治理的模式：悉尼歌剧院 / 171
法制篇
国际公约的诞生：阿布辛拜勒至菲莱的努比亚遗址 / 178
特许经营制度：夏威夷火山国家公园 / 183
规划与监测机制：哈德良长城 / 188
独立立法：拉萨布达拉宫历史建筑群 / 194
缓冲区与濒危制度：科隆大教堂 / 200
人间国宝体制：歌舞伎 / 206
宪法保护：拉沃葡萄园梯田 / 211
价值篇
暴行警示：前纳粹德国奥斯威辛-比克瑙集中营(1940—1945 年) / 217
和平文化：广岛和平纪念公园 / 223
人权保障：罗布恩岛 / 229
文化与生物多样性：云南三江并流保护区 / 234
跨国共享：斯特鲁维地理探测弧线 / 240

后　　记 / 246

主要参考文献 / 248

类 型 篇

世界遗产包括自然遗产、文化遗产、文化与自然双遗产、文化景观、非物质文化遗产五大类。

自然遗产

1. 从审美或科学角度看,具有突出的普遍价值的由物质和生物结构或这类结构群组成的自然面貌;

2. 从科学或保护角度看,具有突出的普遍价值的地质和自然地理结构以及明确划为受威胁的动物和植物生境区;

3. 从科学、保护或自然美角度看,具有突出的普遍价值的天然名胜或明确划定的自然区域。

提名列入《世界遗产名录》的自然遗产项目,必须符合下列四项中的一项或几项标准:

(I) 构成代表地球演化史中重要阶段的突出例证;

(II) 构成代表进行中的重要地质过程、生物演化过程以及人类与自然环境相互关系的突出例证;

(III) 独特、稀有或绝妙的自然现象、地貌或具有罕见自然美的地带;

(IV) 尚存的珍稀或濒危动植物种的栖息地。

文化遗产

1. 文物:从历史、艺术或科学角度看,具有突出的普遍价值的建筑物、碑雕和碑画,具有考古性质的成分或结构、铭文、窟洞以及联合体;

2. 建筑群:从历史、艺术或科学角度看,在建筑式样、分布均匀或与环境景色结合方面具有突出的普遍价值的单立或连接的建筑群;

3. 遗址:从历史、美学、人种学或人类学角度看,具有突出的普遍价值的人造工程或考古遗址地方。

提名列入《世界遗产名录》的文化遗产项目，必须符合下列6项中的1项或几项标准：

（Ⅰ）代表一种独特的艺术成就，一种创造性的天才杰作；

（Ⅱ）在一定时期内或世界某一文化区域内，对建筑艺术、纪念物艺术、城镇规划或景观设计方面的发展产生过重大影响；

（Ⅲ）能为一种已消逝的文明或文化传统提供一种独特的至少是特殊的见证；

（Ⅳ）可作为一种建筑或建筑群或景观的杰出范例，展示出人类历史上一个或几个重要阶段；

（Ⅴ）可作为传统的人类居住地或使用地的杰出范例，代表一种（或几种）文化，尤其在不可逆转之变化的影响下变得易于损坏；

（Ⅵ）与具有特殊普遍意义的事件或现行传统或思想或信仰或文学艺术作品有直接或实质的联系。（只有在某些特殊情况下或该项标准与其他标准一起作用时，此款才能成为列入《世界遗产目录》的理由。）

文化与自然双遗产

文化与自然双遗产必须分别符合关于文化遗产和自然遗产的评定标准中的一项或几项。

文化景观

文化景观遗产代表"自然与人类的共同作品遗产"。包括以下三种主要类型：

1. 由人类有意设计和建筑的景观；

2. 有机进化的景观，包括残遗物（或化石）景观和持续性景观；

3. 关联性文化景观。这类景观以与自然因素、宗教、艺术或文化相联系为特征，而不是以文化物证为特征。

非物质文化遗产

非物质文化遗产指被各群体、团体、个人所视为其文化遗产的各种实践、表演、表现形式、知识体系和技能及其有关的工具、实物、工艺品和文化场所。包括以下五种主要类型：

1. 口头传说和表述，包括作为非物质文化遗产媒介的语言；

2. 表演艺术；

3. 社会实践、仪式、节庆活动；

4. 有关自然界和宇宙的知识和实践；

5. 传统手工艺。

非物质文化遗产的评选标准：应该具备体现人类的创造天才的优秀作品的特殊价值；或者是具有特殊价值的非物质文化遗产的集中体现；或者在历史、艺术、人种学、社会学、人类学、语言学及文学方面有特殊价值的民间传统文化表达。具体而言：

1. 表明其深深扎根于文化传统或有关社区文化历史之中；

2. 能够作为一种手段对民间的文化特性和有关的文化社区起肯定作用，在智力借鉴和交流方面有重要价值，并促使各民族和各社会集团更加接近，对有关的群体起到文化和社会的现实作用；

3. 能够很好开发技能，提高技术质量；

4. 对现代的传统具有唯一见证的价值；

5. 由于缺乏抢救和保护手段，或加速的演变过程、或城市化趋势、或适应新环境文化的影响而面临消失的危险。

自然遗产：黄石国家公园

遗产信息

- 中文名称：黄石国家公园
- 英文名称：Yellowstone National Park
- 遗产地址：美国中西部怀俄明州西北角，并向西北方向延伸到爱达荷州和蒙大拿州
- 遗产类型：自然遗产
- 批准时间：1978 年
- 评定标准：自然遗产标准 N (I)(II)(III)(IV)
- 遗产评价：黄石国家公园中广袤的自然森林占地面积约 9000 平方公

里，其中96％位于怀俄明州，3％位于蒙大拿州，还有1％位于爱达荷州。黄石国家公园拥有已知地球地热资源种类的一半，共有1万多处。国家公园还是世界上间歇泉最集中的地方，共有300多处间歇泉，约占地球总数的三分之二。黄石国家公园建于1872年，它也因为其生物多样性而闻名于世，其中包括灰熊、狼、野牛和麋鹿等。

遗产特色

黄石国家公园位于美国西部北落基山和中落基山之间的熔岩高原上，海拔2134—2438米，面积8956平方公里，是世界上最原始最古老的国家公园。公园的天然森林中有世界上最大的间歇泉集中地带，这些地热奇观证明了世界上最大的活火山的存在。黄石公园里栖息着美洲野牛、灰狼、棕熊、驼鹿、麋鹿、长耳鹿、羚羊、美洲大角鹿、大角羊等众多野生动物。其中熊是黄石公园的象征。

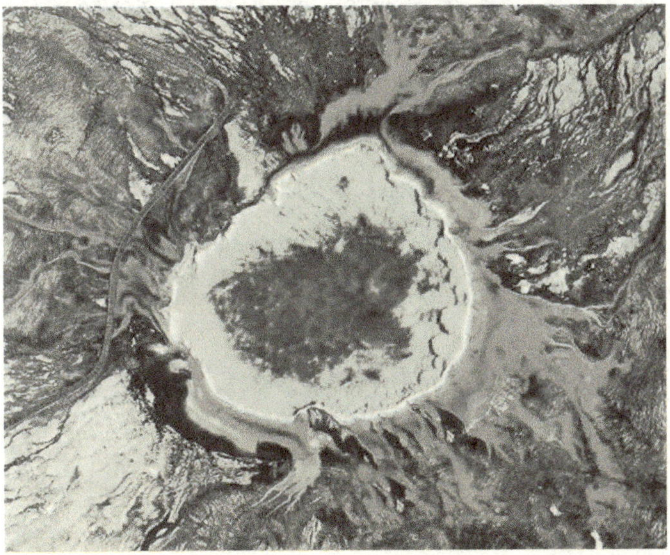

大棱镜温泉

公园中有峡谷、瀑布、温泉以及间歇喷泉等，其中纵贯着黄石河、黄石湖。著名的“老忠实泉”每隔30至120分钟就会喷涌一次。园内还设有历史古迹博物馆。

由公园中的文化遗迹可以判断，公园的文明史可以追溯到12000年前。从公园的历史建筑以及各个时期保存下来的公园管理人员和游人的公用设施可以看到公园更近的历史。公园目前只开发了1％的面积，还有99％尚未开发,从而使大量的生物种类得以繁衍,这里拥有陆地上数量最大、种类最多的哺乳动物。

遗产保护

1872 年 3 月 1 日,时任美国总统格兰特签署《黄石公园法案》,黄石公园被正式命名为保护野生动物和自然资源的国家公园。

1872 年始,公园管理处对黄石国家公园采取"以火管理"(Let it Burn)政策。

1978 年,黄石国家公园作为自然遗产,被列入世界遗产名录。

麋鹿

棕熊

1995 年列入《濒危世界遗产清单》,这迫使克林顿政府做出了用联邦财产与金矿公司拥有的财产进行交换来阻止采矿的决定,并于 1996 年以 6500 万美元收购了计划采矿的私人土地,有效地解除了采矿对黄石国家公园的威胁。

在 2003 年 7 月召开的第 27 届世界遗产大会上,最后经过激烈的争论,黄石国家公园从《濒危世界遗产清单》上被有条件除名。

保护模式

1. 重视对自然生态的严格保护

黄石公园创立后颁布了有关保护国家公园的法令,对国家公园内的植物、动物、水流、自然景观以及文物古迹等严格加以保护。国家公园的外围是国家森林,由林业部管理,起到了公园外围保护圈的作用。

2. 全员参与公园保护

黄石国家公园有所有工作人员都参与公园资源保护工作的优良传统。为加强经营管理和资源保护方面的联系,黄石国家公园除有负责监督公园的自然和文化方面的资源状况以及确定需要采取什么措施去保护或修复它们的资源方面的专家之外，还有5个全职的资源运营协调员，另有15名雇员负责资源运营和保护部工作。此外，还有来自各个行业的志愿者、合作伙伴、合作协会、基金会以及黄石国家公园的赞助商们。

正式雇员：提供关于公园信息服务和传递保护环境内容的公园守护者。

志愿者：旅游旺季时公园管理当局为保持公园平稳运作而招募的志愿者。

合作伙伴：为帮助公园的雇员向游客提供更好的服务及对公园的资源进行更好的保护的非营利合作机构。

黄石国家公园合作协会：通过在公园观光中心销售教育资料、发展会员和从愿意支持特别项目的个人那里募集资金的公园合作协会。

黄石国家公园基金会：1996年建立，用于吸纳更多的私人资金用于维持、保护和加强黄石国家公园的资源管理并丰富游客的游览经历。

黄石国家公园的赞助商：公园最慷慨的赞助商有美国留声机总裁及Mannheim Steamroller集团公司制片人Chip Davis，还有佳能、Diversa Inc、Univer Home & Personal Care公司等其他赞助商。

3. 重视对管理人员的培养训练

美国国家公园共有九千名固定职工，游览高峰季节还雇用临时工，固定职工和临时工的人数相加最高时可达两万人。80%的固定职工是大学毕业生，其中还有硕士生。在进入国家公园工作前，绝大多数工作人员(除少数技工外)都要到训练中心进行基本业务训练。在职的专业工作人员每年必须在本公园内接受短期业务训练。

4. 开展科普宣传和教育

公园内有完善的解说系统和丰富的解说内容，对游客进行文化科学知识的宣传和教育。国家公园内的博物馆以文字、图片、电动模型、实物等形式，展示公园的历史以及有关植物、动物、地质、考古等方面的知识。管理人员在公园内的游客中心负责解答游客提出的各种问题，并向游客提供有关游览及文化科学知识方面的资料。游客可以观看电影、电视、幻灯片。在一些有简易建筑物的观景点中，都有关于这个景点的地质、地形等方面的介绍图片，让游人在欣赏风景的同时获得一些文化科学知识。

经验借鉴

目前美国国家公园体系包括自然区域、历史遗址和游憩三大块，20种小类，388处。国家公园只是其中的一种小类，列入IUCN体系Ⅱ类型的只有205处。

美国建设国家公园的中心思想是保护，这也正是美国国家公园被公认为世界自然保护区建设先驱的原因。

1. 全国集中统一的管理体制

国家公园直接隶属于联邦政府，具体工作由内政部国家公园管理局负责。州立公园由州政府管。城市公园由市政府管。三者之间没有上下级关系。美国没有文物管理局，有关考古、文物古迹保护等方面的业务，均由国家公园管理局统一负责。内政部下的国家公园管理局，是管理国家公园的中央机构，下设地区局，是分片管理国家公园的地区性机构。各国家公园设有管理局(处)，是基层管理机构。这三级机构是垂直领导，与各州、市的政府没有关系。各公园的经费，由美国国家公园管理局直接拨给。各公园的收入也一律上缴美国财政部。

2. 实施有序开发的保护原则

美国对国家公园的建设要求十分严格，除了必要的风景资源保护设施和必要的旅游设施外，严禁在国家公园内搞开发性项目，只允许建造少量的、小型的、分散的旅游基本生活服务设施，且建筑风格必须与当地自然环境和风俗民情协调。同时公园一开始就确定了为公众保留一份乐土的主要目的，且国家公园的日常开支主要来自于联邦政府的拨款和社会公众机构的捐款，因此，公园不以获取经济效益为主要目的，是公益性的，门票价格低廉。

黄石大瀑布

文物：秦始皇陵

遗产信息

- 中文名称：秦始皇陵及兵马俑坑
- 英文名称：Mausoleum of the First Qin Emperor
- 遗产地址：中国陕西省西安市临潼区骊山北麓
- 遗产类型：文化遗产
- 批准时间：1987 年
- 评定标准：文化遗产标准 C(I)(III)(IV)(VI)
- 遗产评价：毫无疑问，如果不是 1974 年被发现，这座考古遗址中的成千上万件陶俑将依旧沉睡于地下。第一位统一中国的皇帝秦始皇，殁于公元前210年，葬于陵墓的中心，在他周围围绕着那些著名的陶俑。结构复杂的秦始皇陵是仿照其生前的都城——咸阳的格局而设计建造的。小陶俑形态各异，连同他们的战马、战车和武器，成为现实主义的完美杰作，同时也具有极高的历史价值。

遗产特色

陕西省临潼县城东骊山北麓有一座规模宏大、气势雄伟的帝王陵园，它是中国历史上的第一个皇帝嬴政(公元前259年—公元前210年)的陵墓，称秦始皇陵。其高大的封冢与骊山的巍巍峰峦浑然一体，环境秀美。它是中国历史上第一个规模庞大、设计完善的帝王陵寝，也是世界上规模最大、结构最奇特、内涵最丰富的帝王陵墓之一。

秦始皇陵建于公元前246年至公元前208年，历时39年，总面积为56.25平方公里。皇陵的建筑布局仿照当时秦帝国都城咸阳的皇城和宫城设计，由内外城两重城垣围护，呈南北方向的长方形内城周长3870米，象征皇城；外城周长6318米，象征宫城。

秦始皇陵一号坑兵马俑

陵园东侧1500米处还有被誉为“世界第八大奇迹”的兵马俑陪葬坑，现在共出土约7000个秦代陶俑及大量战马、战车和武器。兵马俑坑为土木混合结构的地穴式坑道建筑，占地2万多平方米，是一组模拟秦军布列来护卫地下皇城的“御林军”。现已发掘的3座兵马俑坐西向东，呈品字形排列，一号坑代表秦军主力，由步兵方队和战车方队组成；二号坑代表秦军混合部队，由步兵、骑兵和车兵、弩兵混合编队组成；三号坑则代表秦军指挥所。兵马俑的姿态表情各异、个性强烈，艺术手法细腻、明快，时代特征鲜明，代表了秦代雕塑艺术的顶峰，充分展现了2000多年前中国工匠巧夺天工的艺术才能，是可与埃及金字塔、古希腊雕塑媲美的世界人类文化财富。

1980年12月，从秦始皇陵封土西侧出土了被誉为中国古代“青铜之冠”的两组形体较大的彩绘铜质车马，这是迄今为止中国发现的年代最早、形体最大、结构最复杂、制作最精美的铜铸马车。

有“青铜之冠”美誉的彩绘铜质车马

秦始皇陵堪称世界上最大的地下博物馆，具有极高的研究价值，为我们深入研究秦代的军事、政治、经济、文化、科学和艺术等提供了极为珍贵的实物材料。

遗产保护

中国封建时代的历代王朝对秦始皇陵的保护都很重视，下诏予以保护，设立专门的管理机构和人员守护。如西汉将秦始皇陵列为历代帝王陵墓之首；北魏规定在秦始皇陵“四面各五十步，勿听耕稼”；唐代不仅规定“无得刍牧，春秋致祭”，还下令置庙，增加配享等；北宋也曾多次下令保护，在保护秦始皇陵方面工作最为突出；明清两代在保护秦始皇帝陵上做过实地调查。

中华人民共和国建立后高度重视秦始皇陵的保护，并开展了科学考古工作。

1956 年，陕西省将秦始皇陵列为“陕西省名胜古迹第一批重点文物保护单位”。

1961 年 3 月，国家将秦始皇陵列为第一批全国重点文物保护单位，树立保护标志。次年立“秦始皇帝陵”碑亭。

1962 年，考古工作者开始对秦始皇陵进行考古调查，测绘出第一张陵园平面布局图。

1974 年 3 月，西杨村农民在陵东三里抗旱打井时，发现规模宏大的兵马俑坑，考古工作者随即展开勘探工作。

1975 年，国家决定在俑坑原址上建立博物馆。

1978 年，专门的秦始皇兵马俑考古队成立并开始工作。

1979 年 10 月 1 日，秦始皇兵马俑博物馆建成，并正式对外开放。

1986 年，临潼县政府秦始皇陵保护机构成立。

1987 年 12 月，联合国教科文组织将秦始皇陵及兵马俑坑与周口店北京人遗址、敦煌莫高窟、长城等一起列入中国第一批世界遗产名录。

2009 年初，秦始皇帝陵博物院成立。

2009 年 6 月 13 日，再次发掘秦始皇陵兵马俑一号坑时，在一号坑北部中段又出土了一批彩色兵马俑。

2010 年 10 月 1 日，占地 3386 亩的秦始皇陵遗址公园正式对外开放。

2011 年 10 月 1 日，秦始皇陵 9901、0006 号陪葬坑陈列厅建成开放，与秦始皇兵马俑博物馆初步构建起了秦始皇陵遗址区的公共展示体系。

保护模式

1. 实施“国家公园模式”

“国家公园模式”，就是由国家财政在初期投入经费进行景区的管理与维护，使景区能专心做好自然文化资源的保护工作，不用通过提高门票价格等方式赢利。由于国家财政的大力支持，秦始皇陵遗址的全面环境整治和绿化工程建设得到有效开展，遗址区绿化面积达到 90%以上，遗址区的参观道路、水电管线、旅游服务等基础设施工程也得到极大完善。在国家财政的投入支持下，遗址区的全面考古勘探得以进行，摸清了陵园地下文物埋藏情况，有利于采取有效的保护措施和建立完善的参观导览系统。

2. 保护与研究相互促进

兵马俑文化遗产的保护除了保存与展览外，对文物本身的技术研究也具有极为重要的价值。通过对兵马俑文物保护技术的创新，能够更好地推动秦始皇陵文化遗产的保护性发掘，解决继续发掘中遇到的保护难题。如兵马俑彩绘保护技术研究取得的一定突破，为进一步保护和发掘彩绘秦俑提供了技术保障。据研究，目前影响兵马俑彩绘脱落的主要原因是彩俑颜料颗粒之间及彩绘各层次之间黏附力微弱，特别是底层生漆由于失水干燥后收缩卷曲，造成整个彩绘层脱落。而使彩俑颜料生漆保持湿润的技术目前在实验中已获得成功。如对二号坑现场整体彩绘秦俑采用 PEG200 浓度等保护剂多次喷涂的方法，使这几件彩绘秦俑至今仍色彩如初。这种秦俑彩绘保护技术的成功为今后进一步的现场发掘的保护奠定了良好基础。

经验借鉴

1. 保证国家财政初期投入

秦始皇陵遗址公园是由国家财政投入资金用于大遗址保护与管理工作的典型代表。秦始皇陵是中国古代规模巨大、埋藏极为丰富的一座帝王陵园。其众多遗迹和出土文物，具有极高的历史、艺术、科学和社会价值。对陵园的保护需要“不计成本”才能保证保护的完善和研究的不断深入。国家财政的初期资金投入，可以缓解大遗址保护启动资金不足、基础工作薄弱、保护利用水平低、设施环境差、缺乏投资吸引力等困境，尽快实现大遗址的有效保护和社会服务功能的发挥。这种模式能够有效解决城市近郊区大遗址保护在开发初期面临建设周期长导致投资风险大而无法吸引投资的困境，而通过后期的运营收入可以逐年收回投入资金。这一模式避免了地方政府因财政压力过度开发遗址而造成破坏的尖锐矛盾，让地方在遗址的申遗和保护过程中由盲目赚钱变成自觉保护。现在秦始皇陵的资金投入和产出已经进入良性循环，收门票的根本目的是为了更好地保护和建设秦始皇陵。目前对遗址公园的投入已经近 6 亿元，其中大部分由兵马俑博物馆出资。

同时，大遗址区保护能够促进社会经济发展，在经济发展中加强大遗址保护。国家财政的初期投入，保证了大遗址区建设规划的实现，提高了文物保护利用水平与社会经济的和谐发展。

2. 统一规划，分级划区保护

文物是一种特殊的不可再生资源。秦始皇陵及兵马俑的政府管理与科考单位通过对皇陵遗址的历史考古文物、社会经济发展、自然资源环境、旅游交通建设等多方面充分论证，形成了较为明确的统一规划和长时效的战略指导思想。在秦始皇陵遗址公园的建设与保护规划中，其外城以内被划为一级保护区，外城以外明确有秦文化遗存的广大区域划为二级保护区。严格限制一、二级保护区内带有破坏性的生产性活动。临潼区将这一规划与区经济社会发展总体规划和新农村建设规划紧密结合，将遗址外城以内 2.13 平方公里的土地全部征用，用于遗址保护，拆迁安置了遗址区内 26 家企事业单位和 1007 户群众。安置区统一配建了高标准的道路、水电等基础设施和教育、医疗、卫生等服务设施，极大改善了当地的生态环境和人文环境，提高了当地群众和企事业单位的生产生活条件。而在二级保护区以外再向外延伸 1000 米，将之作为控制过渡带，重点做好遗址周边环境的绿化。

3. 重视并有计划地开展科学考古工作

秦始皇陵遗址通过系统的科学考古发掘与研究，摸清了范围大小，对遗址的历史文化内涵有了深入了解，从而更加有力地推动了遗址保护。例如，兵马俑博物馆的建立、一些保护性标志的树立以及一些文物遗迹的防霉技术研究的突破，对于一些已发掘陪葬坑中的具体文物的保护起到了非常重要的作用。又如，二号俑坑彩绘跪射武士俑的清理出土与保护技术的实验成功，真实再现了秦兵马俑的原貌，也为我们研究秦代彩绘工艺、服饰颜色、颜料成分等提供了珍贵的资料。

遗址：吴哥

遗产信息

- 中文名称：吴哥
- 遗产名称：Angkor
- 遗产地址：柬埔寨吴哥地区
- 遗产类型：文化遗产
- 批准时间：1992 年
- 评定标准：文化遗产标准 C(I)(II)(III)(IV)
- 遗产评价：吴哥、吴哥遗址公园是东南亚最重要的考古学遗址之一。吴哥、吴哥遗址公园占地面积达 400 多平方公里，包括森林地区，有 9 至 15 世纪高棉王国(the Khmer Empire)各个时期首都的辉煌遗迹，其中包括了著名的吴哥寺(Angkor Wat),以及坐落在吴哥索姆(Angkor Thom)以无数雕塑饰品而著称的白永寺庙(Bayon Temple)。联合国教科文组织已经对这一遗址及其周边制订了一项覆盖范围广泛的保护计划。

遗产特色

吴哥(Angkor),在高棉语中是“城市”的意思,又称吴哥考古园,坐落于东南亚中南半岛的柬埔寨西北方暹粒省。吴哥窟遗址公园共有 400 平方公里。从 9 世纪到 15 世纪,在政教合一“神王思想”下的吴哥王朝建造了吴哥城、吴哥窟、巴戎寺、女王宫等寺庙群。

吴哥窟又称吴哥寺,在暹粒省境内洞星萨湖北面,距离暹粒市五公里。原意为“毗湿奴的神殿”,在中国古籍上记载为“桑香佛舍”。吴哥窟是世界上最大的庙宇,也是吴哥古迹中保存最完好的庙宇,以建筑宏伟与浮雕细致著称于世。12 世纪时,吴哥王朝国王苏耶跋摩二世(Suryavarman II)举全国之力,花了约 35 年时间在平地建造了这座规模宏伟的石窟寺庙作为吴哥王朝的国都和国寺。

吴哥窟结合了高棉寺庙建筑中祭坛和回廊两个基本布局,是高棉古典建筑艺术的高峰。祭坛由一层比一层高的三层长方形有回廊环绕须弥台组成,象征印度神话中位于世界中心的须弥山,矗立在祭坛顶部按五点梅花式排列的五座宝塔,象征须弥山的五座山峰。围绕着寺庙外的护城河,象征环绕须弥山的咸海。

塔布隆寺著名的树洞之门

遗产保护

1586 年，方济会修士安东尼奥·达·马格达连那，1857 年驻马德望的法国传教士夏尔·艾米尔·布意孚神父，均报告过关于吴哥的状况，但未引起大家的注意。

1860 年 1 月，法国学者亨利·穆奥发现森林中的吴哥遗迹，后出版了关于这次旅行的记录，开始引起世人对吴哥的兴趣和关注。

1863 年，法国殖民政权建立，众多学者慕名前来挖掘丛林中的吴哥遗址。

1866 年，法国殖民政府开始对其进行系统研究，19 年后编出一份吴哥王室年表。

第二次世界大战后，柬埔寨王国独立，开始对吴哥遗址进行持续维护。20 世纪后半期，由于政治和军事动乱——越战、赤柬、内乱等，吴哥庙宇群遭到破坏和窃盗。

1986 年，柬埔寨政府邀请印度考古专家在吴哥窟开始调研工作。

1988—1989 年，邀请波兰专家队(PKE)对金边皇宫的银殿进行第一次油漆粉刷，后在巴戎寺进行考查。

1990 年，专题保护吴哥遗址的联合国教科文组织(UNESCO)国际圆桌会议在曼谷举行。

1991 年，专题保护吴哥遗址的法国远东学院(EFEO)和 UNESCO 第二次圆桌会议在巴黎举行。

1992 年，UNESCO 在金边设办公室，开始对吴哥遗址规划，很多任务由 EFEO、日本索菲亚大学和世界建筑文物保护基金会(WMF)负责；“柬埔寨的过去、目前和将来”座谈会在纽约举行；自 1992 年联合国教科文组织宣布将吴哥遗址列入世界文化遗产，国际修缮团队即进驻吴哥遗址群，至今仍在持续修护中。

1993 年，吴哥通城的皇宫、空中宫殿修复方案由印尼负责，后意大利加入；所巴拉塔 N1 修复方案 (JSA 负责) 开始实施。

1995 年，巴普昂寺方案 (EFEO 负责) 开始实施。接着，小吴哥铺道方案开始启动(日本索菲亚大学负责)。

2000 年，吴哥通城皇宫修复方案完毕；圣剑寺方案(WMF 负责)开始实施。

2002 年，班迭斯雷保护方案开始实施(瑞士和仙女机构负责)。

2005 年，巴普昂寺方案、所巴拉塔、小吴哥北图、圣剑寺方案实施完毕，茶交寺方案开始实施(中国负责)。

保护模式

1. 完善的管理体系

加强对吴哥文物古迹的科学管理和有效保护，推进遗产地管理法制化、规范化和程序化的进程，对现有文物进行编录，建立文物古迹保护档案，逐渐完善遗产地的环境保护设施，加强生态环境监测、管理与利用。

2. 适度的旅游开发

作为特色旅游的遗产旅游具有社会、文化、科学和经济价值。吴哥是柬埔寨民族和旅游业的形象，已成为全世界人民向往的旅游胜地。柬埔寨政府以开发吴哥旅游为龙头，期望以此带动全国的旅游业，从而促进国家的经济发展。

3. 国际社会的支持

UNESCO 一直以来都十分关注吴哥古迹的保护活动。1989 年 5 月，UNESCO 首次由 Ishizawa 和 Jacques 带领到达柬埔寨。其后 UNESCO 规划扩展活动，促进成员国努力筹备资金，并进行吴哥历史城市的保护。他们采取的行动之一是要求日本政府捐赠以促进国际机构保护吴哥遗址。1990 年 6 月，这些捐赠的资金支持 UNESCO 召开了保护吴哥遗址的首次国际专家会议。另外，UNESCO 还鼓励在世界各地建立暹粒吴哥遗址研究中心和在金边设立办公机构。金边办公机构自 1991 年 11 月设立以来，UNESCO 在保护法的制定、拍摄教育纪录片、进行现场调查和组织大型政府间的会议以及制止违法买卖古董方面，在组织各国专业保护人员参与吴哥遗址的保护上，均做了大量的工作。

经验借鉴

1. 建立国际合作模式

吴哥寺庙等古迹的修复，离不开联合国教科文组织的集资拨款，离不开中国、日本、德国、美国等国家文物修复专家的参与修复。正是在国际社会的援助下，柬埔寨逐渐培养起自己的吴哥古迹修复方面的工程技术人员，使吴哥世界遗产地的保护进入可持续发展的良性循环。

2. 多学科研究合作保护

吴哥遗址的研究涵盖了历史、艺术、工程技术及文化遗产的开发利用等学科，是研究人类文化遗产的大课堂。近百年来，各国的众多专家纷纷来到吴哥，从不同的角度对吴哥遗址进行了深入的研究，取得了丰硕的成果。专家们有的从历史学、建筑学、考古学的角度研究吴哥遗址出现的时代背景、建筑艺术特点；有的从保护的角度研究吴哥遗址维修方法；有的利用先进的遥感技术与考古挖掘相结合的方法研究吴哥时期的建筑及水利工程的遗迹等。

在吴哥的研究与保护领域一直处于领先地位的是法国远东学院，迄今已发表了大量的论文，出版了不少专著，为世界各国参与吴哥遗址研究保护工作的专家提供了十分宝贵的经验和重要的资料；日本上智大学同样在吴哥遗址的考古研究方面取得了重要成就，出版了很多研究专著。从 1993 年起，日本政府开始出资援助柬埔寨保护吴哥遗址，近 20 年来坚持每年出版一本工程研究报告，扩大了吴哥遗址研究的领域和影响。

女王宫

建筑群：法隆寺地区的佛教古迹

遗产信息

- 中文名称：法隆寺地区的佛教古迹
- 英文名称：Buddhist Monuments in the Horyu-ji Area
- 遗产地址：日本奈良县
- 遗产类型：文化遗产
- 批准时间：1993 年
- 评定标准：文化遗产标准 C(I)(II)(IV)(VI)
- 遗产评价：在奈良县的法隆寺地区，约有 48 座佛教建筑，其中有一些建于公元 7 世纪末至 8 世纪初，是世界上现存最古老的木结构建筑。这些木结构建筑杰作的重要性不仅仅在于它们展现了中国佛教建筑与日本文化的艺术融合历史，还在于它们标志着宗教史发展的一个重要时期，因为修建这些建筑的时候正是中国佛教经朝鲜半岛传入日本的时期。

遗产特色

日本奈良县法隆寺地区的佛教建筑以法隆寺和法起寺为代表。佛教传入日本不久修建的这两个佛教寺院，对日本的宗教建筑产生了非常大的影响。这两座寺院是日本飞鸟时代的珍贵文化遗产，至今已有 1400 多年的历史，与日本律令制度的奠基人圣德太子(574—622 年)有很深的渊源。

法隆寺是世界上最古老的木结构建筑，分西院伽蓝和东院伽蓝。西院重建于 7 世纪末至 8 世纪初，有金堂、五重塔、中门和回廊等众多国宝级建筑。建于 620 年的金堂中供奉着日本最古老的佛像——有着中国北魏风格的释迦牟尼青铜佛像和药师如来像。东院建于 8 世纪末，有呈八角形的梦殿等建筑群，梦殿里安放着救世观音像。这座观音像被称为“绝对秘佛”，据传曾被白布包裹长达千年，其间无人见过其真容。法隆寺中共有 18 座建筑物被指定为日本国宝，其中 11 座拥有 1100 年以上的历史。有 35 座被指定为国家重要文化财产。在寺中珍藏的宝物中，共有国宝 170 件、国家重要文化财产 2300 件，堪为佛教艺术的宝库。

五重塔

梦殿

建于 638 年的法起寺是依照圣德太子的遗言建造的。其中被认定为日本国宝的三重塔是唯一现存的创建时原有的建筑物，它是日本最古老、规模最大的三重塔(高 24 米)。

法隆寺地区是日本文化和宗教遗产的重要组成部分，这些佛教建筑展现了日本从早期到现在的佛教历史。

遗产保护

法起寺三重塔

670年，火灾后重建了现在的法隆寺西院伽蓝；庆长年间（17世纪初）的丰臣秀赖、元禄至宝永年间（17世纪末—18世纪初）江户幕府的五代将军德川纲吉的生母桂昌院等人修造了这座伽蓝院。

1868年明治维新以后，许多文化成果被当做封建糟粕破坏烧毁。法隆寺和其他一些佛寺也在这一时期的毁佛废释运动中遭受很大打击。

1897年，以建筑物为保护对象的《古社寺保存法》颁布。在该法保护下，法隆寺金堂、五重塔等建筑物被认定为“国家指定文化财”。

1934年，开始了对金堂、五重塔等的长达半个世纪的“昭和大修理”。

1949年1月24日，法隆寺金堂遭火灾；次年，精度鹿苑寺金阁也遭遇大火。

1950年，为杜绝火灾等事件再次发生，日本政府综合原有的《古社寺保存法》《史迹名胜天然纪念物保存法》《国宝保存法》，制定了《文化财保护法》。

在申遗之后，日本政府控制每天游客的数量，注重佛寺的卫生保护，努力延长佛寺的寿命。

保护模式

1. 政策法律保护

1871年，日本政府颁布了保护工艺美术品的《古器物保护法》。1950年，日本制定了首部全面、系统地保护文化遗产的法律《文化财保护法》，对挖掘、保护和传承文化遗产起到了巨大的作用。《文化财保护法》从1950年颁布至今，历经7次修改，逐渐成为一套完整成熟的法律体系。通过一系列的修改完善，日本文化遗产的范畴也逐渐扩大。2004年在进行修订时，又新增了“文化性景观”，把人与自然打交道过程中形成的景观列入保护范围，同时把传承下来的制作与生产或生活有关的工具、物品的技术称作“民俗技术”，也列为民俗文化遗产加以保护。

2. 延长寺龄

法隆寺的大规模整修采取“延长寿命”的保护措施，修复后的寺庙风貌如昔，看不出一点整修的样子。寺庙维修的每一步骤都非常严密，构建上技巧精良，防腐、防蚁、防火、防震方面工序严格。如防火，就是在古建筑周围划分出一定面积的保护区，设置醒目标志，严禁烟火，使用绝缘性良好的电线、灵敏的短路保险，古建筑本身(或周围)还装有避雷装置，寺庙内部则装有防火警报、防火系统、灭火器等。

经验借鉴

从原始时期到飞鸟时期、奈良时期、平安时期和镰仓室町时期，日本的佛教建筑逐渐形成自己独特的佛教建筑文化。而这些佛寺历经千年却仍能以如此完整的面貌展现在世人面前，体现了日本政府对佛寺建筑的有力保护。

1. 国家强力管理方式

为确保工作人员能够进行定期的跟踪调查，保证调查数据和调查结果的真实性、可靠性，从制定遗产保护相关政策的调查开始，国家即给予相应的经济支持。文物保护行政管理部门和城市规划行政管理部门这两个相对独立、相互平行的组织机构共同负责国家历史文化遗产的保护。国家文部省文化厅负责与文物保护直接相关的事务，国家建设省城市局负责与城市规划相关的事务。地方政府机构中的法定常设咨询机构——审议会则为政府决策提供高层次的参谋，并给予技术支持与日常监督。

2. 建立文化遗产登录制度

1996 年 6 月，在对《文化财保护法》进行修订时，日本历史性地导入欧美广泛应用的“登录制度”，体现出日本文化遗产保护的新动向，同时也是日本近现代建筑、近代土木遗产保护利用的重大措施。日本文化遗产登录制度主要呈现以下特点：依照《文化财保护法》制定的国家制度与特殊文化遗产指定的法规条例相互参照使用，以达到互补；除去重要文化遗产和地方公共团体指定文化遗产外，以有形文化遗产中的建造物为对象，登录文化遗产被指定为国家或地方的重要文化遗产后，则从登录名单中注销；对在保护与利用时需要采取特别措施的建造物进行登录；维修等小规模的变更不需申报，但需记录在案，对文化遗产价值有影响的现状变更需申报许可，获批后方可开工；虽然没有与重要文化遗产同等程度的优厚待遇，但在地价税、固定资产税方面有优惠措施，对保护修缮的设计与监理费用提供资助，为利用、整治工程提供低息贷款。

我国可借鉴日本的遗产保护制度和经验来完善文化遗产保护体系。目前我国“大规模爆破”“地毯式轰炸”的拆迁，使许多城市的历史景观迅速消失。因此，借鉴日本文化遗产保护经验，在现有保护制度的基础上，形成国家认可、地方主管、社区参与的登录保护体系，形成“调查记录—分类保护—定期评估（遗产价值与保护利用效果）—舆论宣传和群众监督相结合”的登录保护制度，是文化遗产保护的发展方向。

法隆寺中门两侧的金刚力士像

历史街区：里昂历史遗迹

遗产信息

- 中文名称：里昂历史遗迹
- 英文名称：Historic Site of Lyons
- 遗产地址：法国罗纳-阿尔卑斯地区
- 遗产类型：文化遗产
- 批准时间：1998 年
- 评定标准：文化遗产标准 C(II)(IV)
- 遗产评价：里昂是一座历史悠久的城市，于公元前 1 世纪由罗马人创建，曾是高卢三朝首都，在欧洲政治、经济和文化发展中发挥了重要作用。里昂的城市建筑和各个历史时期的大量精美古建筑生动诠释了它悠久的历史。

遗产特色

里昂位于法国东南部，罗纳河与索恩河交汇处，是法国第二大城市。长久以来，里昂在建筑设计和城市规划上的进步与发展都呈现出独到之处，其城市建筑和各个历史时期的遗迹描绘出了一幅生动的城市图景。

里昂建于公元前 43 年，曾是罗马殖民地，是古时高卢三部分之一和首府。当代考古发现，这里曾拥有法国最古老的罗马风格的剧院，观众席达一万多座位，规模十分宏大。

843 年，在《凡尔登条约》下，里昂成为阿勒斯王国一部分。直至 14 世纪，里昂才开始由法国控制。

15 世纪后期，在文艺复兴时期意大利商人的影响力传到法国后，里昂的经济开始明显增长。当国际银行从阿姆斯特丹移到热那亚时，里昂成为法国的银行中心。

自 16 世纪始，里昂的丝绸生产给城市带来了大量的财富和重要的政治地位。1536 年，里昂设置了第一个丝绸纺织作坊。17 世纪，里昂成为全欧洲最重要的丝绸产地，是法国王室和贵族消费的珍贵丝绸的唯一来源。由于丝绸贸易，里昂在 19 世纪成为重要的工业城市。织机工匠出身的贾卡对织机的改革使法国的丝绸工业达到空前的繁荣与进步，为了纪念这位法国丝绸工业发展史上最重要的人物，他的雕像一直立在里昂红十字广场上。

遗产保护

20 世纪 50 年代，欧洲的城市更新运动也席卷了里昂，这使里昂的许多老街区被拆毁或遭到严重的破坏。里昂人开始真正认识自己城市的价值是在里昂成为世界文化遗产地后。刚开始，里昂人认为自己城市里称得上文化遗产的旧街区只局限在“里昂老城区”(Vieux Lyon)，这里集中了文艺复兴时期的居住建筑和教堂，建筑与建筑之间是用石板铺砌的窄小街道，古朴而富有生活气息。由于城市更新运动损坏严重，当时有很多建筑师、历史学家和记者组织起来，抗议市政府试图拆除这里并对其重建的想法，极力保护城市遗产。

1962 年，法国颁布整体保护旧街区的《马尔罗法令》，“里昂老城区”成为全法国第一个“保护区”。

1969 年，大里昂建立，决策者们对于城市遗产的认识慢慢转变。他们出资对旧街区外立面进行整修，更新“里昂老城区”，里昂城市遗产魅力逐步显现。

里昂保护措施范围图

注：1. 文物建筑及其周边 5000 米半径的保护范围，2. Bellecour 广场文物建筑范围，3. 里昂城市历史中心区和索恩河河岸登录文物建筑范围，4. 里昂老城区保护区范围，5. 红十字坡地区 ZPPAUP 保护范围，6. 里昂地方城市规划限定的有遗产价值街区范围，7. 里昂世界文化遗产地范围

20 世纪 60 年代以后，里昂进入城市现代化建设阶段。但在现代化建设过程中，其对历史文化资源的保护，一直占据着非常重要的地位，使城市形成了古老与现代交相辉映的格局。其索恩河西岸的旧城区保存着圣让首席大教堂、弗维耶圣母大教堂、罗马剧场、里昂历史博物馆、木偶博物馆、高卢一罗马文化博物馆等古老建筑群，粉红色和橙黄色的高大建筑、喷泉、碎石甬道、小广场，使人恍如置身佛罗伦萨或罗马。里昂市中心被称为皇家广场的巨型白莱果广场上矗立着路易十四威武巨大的骑马雕像。广场地面全由红土铺成，其红色调与里昂旧城建筑的红屋顶及其他温暖的色调和谐地融为一体。索恩河东岸的新城区则街道宽敞，高楼林立，拥有全欧洲最令人惊叹的工程之一国际城、规模不凡的当代艺术博物馆、仅次于巴黎卢浮宫的里昂美术馆，以及装饰艺术博物馆、纺织品历史博物馆等。

20 世纪 90 年代以后，里昂城市加快发展，并与周围的 54 个城镇联合建成“大里昂”，成为法国第二大都市区。

根据 1983 年颁布的《分权法》及 1993 年 1 月 8 日有关景观的法律，从 1994 年开始，里昂在红十字坡地区建立“建筑、城市和景观遗产保护区”(ZPPAUP)。到 2000 年，整个地区的保护修缮计划完成。

里昂老城区、红十字坡地区、富维耶(Fouvrière)山丘和“半岛”(Presqu'le)街区即为里昂世界遗产地四大街区。在 1998 年里昂成为世界遗产之前，其遗产地范围内的所有街区均有保护措施，并得到了较好的保护与修缮。在此背景下，时任里昂市长雷蒙·巴尔(曾任法国总理)力荐里昂四个大街区作为一个整体，并在1998年被成功列入世界文化遗产名录。

保护模式

1. 政策法律保护

1962年，法国颁布关于保护历史街区的《马尔罗法令》，立法对历史街区进行保护，把有价值的历史地区划为历史保护区，纳入城市规划严格管理，制订保护和利用规划，区内建筑不准随意拆除，维修改建等也需经过“国家建筑师”的咨询、评估和同意，国家对符合规划要求的修整给予资助，并享受税赋减免优惠政策。不仅规定中心城市在城市规划中要逐步恢复旧貌，一些废弃的煤矿、火车站、剧场甚至妓院等最近两个世纪以来的特色工业和景观，如果具有代表性也要列入保护名单。1980年以来，被登记入册的建筑物已有45000多座。

2. 注重古代与现代建筑的共融

里昂至今仍完好地保留着12—16世纪建筑的古街巷区，区内有12世纪的大教堂以及住宅、商铺等共250栋“保护建筑”。19世纪以后建设的建筑，在风格上也与古建筑十分协调，整个里昂呈现出古色古香的风貌。

3. 注重遗产保护的可持续发展

里昂对于遗产的开发与保护，空间上不仅限于遗产地范围，时间上不仅限于16、17世纪及之前的遗产，还包括里昂城镇体系范围内的19、20世纪的现代建筑遗产，并把现代遗产发掘与保护工作及旅游相结合，从而实现艺术和经济的双重价值。

注：实线范围：里昂世界文化遗产地范围
虚线范围：里昂世界文化遗产地缓冲区范围
阴影色块：里昂文物建筑位置

4. 成立自发的保护组织

里昂市目前有100多个遗产保护方面的社会组织，他们在政府的各项政策推进的过程中，对政府的措施起到很好的监督作用。他们维护市民的正当权益，危机时刻极力维护遗产安全和完整，保证日常的遗产保护、维修项目的顺利实施。

经验借鉴

法国政府有文化部建筑遗产司专司遗产保护管理，民间有6000多个基金会等组织专门从事大大小小的古迹修缮保护，并且有一系列的法律制度和保护管理制度保驾护航。

1. 设立“遗产地事务办公室”

由于历史文化遗产的管理工作通常涉及城市各个部门，管理者不仅限于里昂市内部，甚至还涉及国家和大里昂层面的管理人员，管理内容宽泛并与整个城市的发展相关，因此，设立一个统筹的管理部门——遗产地事务办公室就成为必然。遗产地事务办公室自2000年设置以来，成为一个跨越里昂市和大里昂的综合协调部门，且常与罗纳·阿尔卑斯大区文化事务厅(DRAC)协作。日常工作内容包括对各种涉及遗产地改造、复兴、利用等方面的项目进行监督管理并协助项目的展开，由里昂市具体实施，财力支持来自国家、大里昂和里昂市。

2. 实施鼓励性措施

里昂除依据国家保护法律或通过城市详细规划展开保护工作外，还探索出了很多适合其遗产特点的保护手段，如《庭院和通道保护协议》和《提升建筑遗产价值协议》。《庭院和通道保护协议》专门保护Traboule这种特殊的建筑形式(Traboule是旧时街道之间穿过建筑的隐秘通道)。现在里昂还保留着300多条这样穿门入宅、蜿蜒在老城区成百上千座古老建筑内部的通道。这项协议就是通过与拥有通道建筑的居民协商，重新开通整修这些已被封闭的通道，增加照明和安全设施，重新供人们使用，游客也可以入内参观。《提升建筑遗产价值协议》则针对那些相对比较普通的居住建筑进行项目更新，在居住建筑的立面、细节等修复方面给予补贴。

3. 重现城市遗产价值

里昂市文化管理处遗产科巧妙利用当地100多个社会文化、遗产组织的力量，积极动员里昂市民参加遗产文化的项目开发，并在资金上给予补助。如“开发里昂丝织文化”项目，遗产科通过相关组织寻找到仅存的不同时期的纺织机器以及会使用和维修它们的老工人，然后再发动文化组织中的年轻人重新学习这些手艺，修复好机器使其能重新工作。红十字坡地区在历史上是里昂纺织工厂的集中区，原有的厂房现已被改造成住宅或商业店铺，为安置这些纺织机器给市民或游客作展示，遗产科在红十字坡区选择不同时期的厂房建筑开发成丝织博物馆或丝织工业文化展示厅。

文化路线：圣地亚哥·德·孔波斯特拉朝圣之路

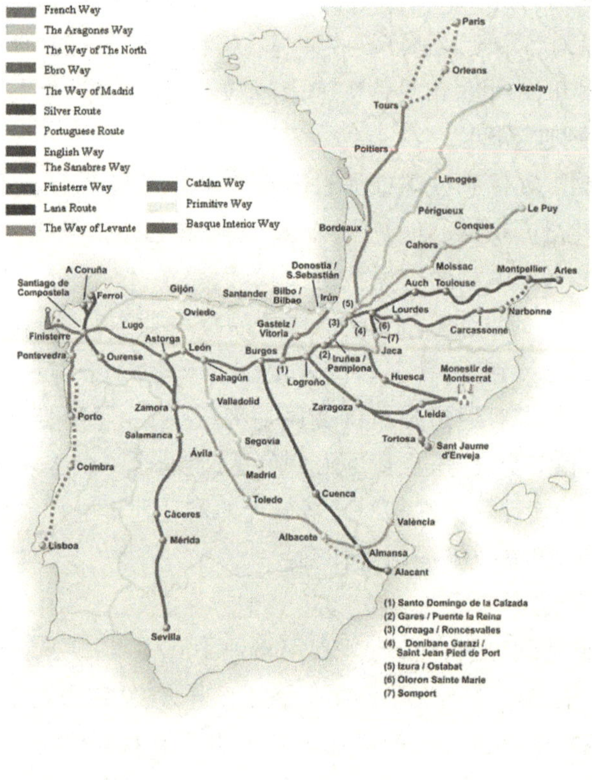

遗产信息

▶ 中文名称：圣地亚哥·德·孔波斯特拉朝圣之路

▶ 英文名称：Route of Santiago de Compostela

▶ 遗产地址：贯穿西班牙北部阿拉贡、纳瓦拉、里奥哈、卡斯蒂亚-莱昂、加利西亚五个自治区

- 遗产类型：文化遗产
- 批准时间：1993 年
- 评定标准：文化遗产 C(II)(IV)(VI)
- 遗产评价：该线路以圣地亚哥·德·孔波斯特拉为终点，向整个欧洲大陆延伸出网状的道路。作为整条朝圣线路的精华部分，位于西班牙境内被称为“法兰西之路”的陆路段，长约 850 公里，它连接了莱昂、布尔戈斯、圣地亚哥·德·孔波斯特拉等著名的历史文化城市，保存了共计约 1800 座宗教和世俗建筑，为我们生动地展现了中世纪伊比利亚半岛和欧洲其他地区的文化交流成果、基督教精神的强烈感召力以及该地区动人的自然与人文景观。

遗产特色

耶路撒冷、罗马和圣地亚哥是基督教世界中的三大宗教圣地。德·孔波斯特拉的圣地亚哥之路是去往圣地亚哥·德·阿波斯托陵墓的朝圣之路，它穿越法国和西班牙边境，沿途共有 1800 多座各种各样的具有重大历史意义的建筑。圣地亚哥·德·孔波斯特拉朝圣之路从区域、点、线三个层面，以丰富的遗产元素，多维度、多视角地展示了基督教朝圣文化的方方面面。

圣地亚哥·德·孔波斯特拉老城区中心的天主教堂

西班牙内陆段的朝圣之路，起于西法边境的比利牛斯山脉，从东到西横跨阿拉贡(Aragon)、纳瓦拉(Navarra)、里奥哈(Rioja)、卡斯蒂亚-莱昂(Castilla Y Leon)、加利西亚(Galicia)五个自治区。这些地区内有雪山和茂林遍布的典型山区地貌，有大面积的葡萄园和果园，有裸露地表种满了玉米等作物的平原地带，有大西洋沿岸的广阔海景。沿路这种区域性的自然和文化特点为朝圣者展示了和中世纪一样的朝圣环境和传统生活方式(包括土地使用、民居建筑样式和宗教习俗等)，使朝圣的背景氛围更浓郁。

同时，各个地区还有包括历史城镇、自然风景、重要史迹等极具代表性的重要节点，是朝圣之路的高潮部分，集中体现了遗产的精神内涵。

朝圣之路的终点——圣地亚哥·德·孔波斯特拉老城是中世纪时最伟大的城市之一。城中至今还保存着包括古代道路、雕塑、礼拜堂和修道院等较为完整的各类朝圣遗迹，其中最宏伟壮观的是城中心的天主教堂，传说圣徒的遗骨就保存在此。

沿线分布的与朝圣密切相关的建筑和附属设施，如十字架雕塑、指示牌、饮水处、医院、驿舍、桥梁、小礼拜堂等，形成了线性的主题遗产带。这些主题性遗产元素生动细致地再现了古代朝圣生活的各个方面，点明了整条线路的宗教主旨，加强了旅行者精神方面的体验，一路上不断提示人们走完整段旅程。

遗产保护

圣地亚哥朝圣之路源于 900 多年前。传说耶稣十二门徒之一的圣地亚哥在西班牙传教布道 7 年，回到耶路撒冷殉教后，弟子把他的尸骨运回了西班牙埋葬，在圣地亚哥停放灵柩，圣地亚哥城由此得名。后阿拉伯人在西班牙统治 800 年，圣地亚哥的墓地被破坏埋没，圣地亚哥之路逐渐被世人淡忘。

813 年的 7 月 25 日，伊利亚弗拉维亚(Iria Flavia)的所多米如斯(Thodomirus)主教“偶然间”发现了被遗忘数百年的圣徒骨骸，消息迅速传遍整个基督教世界。阿斯图里亚斯国王(King of Asturias)阿方索二世将圣徒的坟墓迁到现在的圣地亚哥·德·孔波斯特拉城，专门建造了一座做神事的巴西利卡教堂。圣徒骸骨的发现为中世纪基督徒们进行捍卫信仰的圣战带来巨大的精神支持。于是，一条前往西班牙圣地亚哥的朝圣之路在当时的罗马教皇、圣地亚哥当地基督教会和欧洲各国国王共同决定下开辟出来，信徒们期望通过走朝圣之路达到忏悔和赎罪的目的。

11—18 世纪，来自欧洲大陆各地的信徒开始了连续不断的艰辛而又充满慰藉的朝圣活动。他们在大西洋和波罗的海地区登岸，手里持着象征使徒圣地亚哥圣迹的朝圣手杖和扇贝壳，徒步来圣地亚哥·德·孔波斯特拉城瞻仰圣徒遗骸，并期盼通过朝圣之旅洗净灵魂的污秽，超越尘世的苦难，并最终得到上帝的接纳和宽恕。

1962 年，人们将朝圣之路的全部内涵以历史艺术遗迹的形式展出。

1985 年，联合国教科文组织宣布将圣地亚哥·德·孔波斯特拉市作为世界文化遗产的一部分。

1987 年，西班牙政府决定重辟圣地亚哥朝圣之路并在欧盟推广。

1993 年，西班牙的圣地亚哥·德·孔波斯特拉朝圣之路(Route of Santiago de Compostela)被列入世界遗产名录，成为世界遗产中的第一条“文化线路”。

保护模式

圣地亚哥·德·孔波斯特拉朝圣之路是当今欧洲乃至世界最著名的徒步朝圣线路之一，每年都会吸引大量游人进行这一激动人心的文化之旅。

1. 对于历史场所的重新设计

朝圣之路沿线十分注重用现代设计手法提示或提升原历史空间的场所精神，线路并未过多使用现代科技手法，但却以细致和全局的视野、人性化的设计完美地再现了整体精神、艺术感和历史感，巧妙地使一条千年朝圣之路与现代生活展开对话，使线路拥有了当代气质和活力。朝圣之路在沿线所有地区都统一使用代表该线路的 LOGO——贝壳的纹样，这既为参观者提供了主题性的道路指示，也为旅途增添了趣味性。各种各样小巧、样式简朴的图案设置在城市主街区、圣迹门口、乡村路段的拐角等地带，虽不引人注目，却能唤起现代朝圣者寻找的兴趣。这些 LOGO 在细节处理上极为多变，既表现出材质、颜色、纹理上的差异，又能配合场所氛围的需要。如在城市大多使用铜质构件，在郊区大多采用石材、木材，造型随意、古拙。现在这些 LOGO 已成为朝圣之路上识别率最高的标志物，同时也是朝圣之路的象征和旅游符号。

朝圣之路上专用的各式 LOGO

朝圣之路沿线分布着许多从艺术角度形象地还原古代朝圣之旅的主题性雕塑。这些雕塑以铜质为主，尺度与真人相仿，用写实或抽象手法刻画了古代朝圣者的旅途姿态、所用物品（例如鞋）、足迹、历史场景等，安放在古代朝圣者驻足休憩、眺望或是集中膜拜的场所。这些雕塑让旅行者仿佛置身于中世纪的时空中，切身感受到这条朝圣之旅中发生的真实故事，而且，朝圣者敬虔的形象也传达了“休息”“瞻仰”“精神内省”等信息，引发游人的思索和感悟，增强了场所的精神性和历史感。

这个案例对我国如“丝绸之路”等大批线性遗产的整体展示设计提供了很好的借鉴。

2. 旅行指南和线路签章系统

西班牙出版了大量包括徒步、自行车、驾车等多种模式，装帧精美而实用的线路旅游指南图册，这种指南细致地考虑到自助旅行者从游览条件到背景知识储备的种种需要。这种导游配套产品的设计既能够让人在漫长的旅途中逐渐地阅读、消化所有知识，并配合景点实物的游览形成全面的感受，同时也能有效激发人们游览的主动性和积极性。另外在自助游览中，也参考了古代朝圣者经过各个城市、税关时需要签证的情节，在朝圣之路的沿线设计了一整套旅游纪念签章系统，如果旅行者能够到达所有指定的景点和城市，就能收集到全套签章。这种方式既继承了古代生活的遗风，又满足了现代旅行者挑战困难并期待得到奖励的心理，激发了许多人的旅行兴趣和信心。

朝圣者在展示朝圣之路沿线各景点的纪念签章

经验借鉴

西班牙每年对本国历史文化遗产的保护资金投入均达几十亿欧元，并就遗产事务与拉丁美洲、非洲国家积极开展国际合作。其合作领域非常广泛，比如设立文物保护学校、进行考古挖掘、提供技术支持等。西班牙的世界遗产很多都与当地的传统风俗相互映衬，展现了其历史文化的独特魅力。圣地亚哥·德·孔波斯特拉朝圣之路这条文化之旅，就是突出展现本国历史文化传统的一个窗口。

1. 设立“世界遗产城市奖”

1998 年 7 月 8 日，西班牙文化教育部与“西班牙世界遗产城市”政府小组签订了一项草案，提出了设立“世界遗产城市奖”及实施计划的日程安排。2000 年 3 月 23 日正式法令出台，确立了此项国家级奖励。“世界遗产城市奖”名额有两个，奖金总额为 24040 欧元。获得此奖必须是以西班牙历史文化遗产的保存修复为目的，内容涉及西班牙世界遗产最为突出的两个项目。评判的标准是项目的内容和执行质量，以及是否与外部环境、城市形象十分融合，是否使历史遗迹重新得到社会的关注，是否对其他历史遗迹的保存修复有借鉴作用。评审团由美术与文化财产总局(Dirección General de Bellas Artesy Bienes Culturales)局长及建筑修复、城市规划、艺术史、历史遗产领域的六位专家或权威人士组成。由于一直致力于历史遗迹的保护修复工作，实施全面而有针对性的方案恢复对老城区的使用，恢复世界遗产城市原有的公共空间，致力于使当代建筑与城市景观相协调，圣地亚哥·德·孔波斯特拉市获得了 2005 年“世界遗产城市奖”第一名。

2. 重视历史文化传统的当代体验

西班牙朝圣之路始于中世纪的徒步朝圣传统，这种传统直到现在仍然能够通过线路周围的文物古迹、宗教仪式和传说轶事而散发不朽的魅力。无数现代人在忙碌的生活之余，会去追寻先民的足迹，徒步穿越这条充满历史积淀的神奇线路，去体验古老文明的精神之旅。2010 年，电影《朝圣之路》就是以此为题材，表达人们希望通过徒步的方式在世俗世界里重新找到心灵慰藉，寻找到生命更大意义的渴望。

文化路线的经久不衰说明这种跨时空的遗产类型能带给人更加深刻的体验，这种体验不仅包括视觉、听觉、触觉等感官对大量信息的全方位获取，还包括了疲劳感、空间转换中身体和心情的变化，以及在强烈的主题氛围引导下产生的对于生命意义的感悟和思考等，这些都是传统的遗产类型所不具备的。因此，在解决此类文化线路保护的问题时，人们不仅要确保其中所有的建筑、遗址、可移动文物等单体遗产的有效保存，还要将这条线路与当代生活之间建立联系，帮助现代游客和使用者对中世纪基督教文明的精神产生共鸣与回应。这对我们国家挖掘、开发“丝绸之路”会有很大的启示意义。

美国电影《朝圣之路》剧照

古村落：皖南古村落——西递、宏村

遗产信息

- 中文名称：皖南古村落——西递、宏村
- 英文名称：Ancient Villages in Southern Anhui — Xidi and Hongcun
- 遗产地址：中国安徽省黟县境内的黄山风景区
- 遗产类型：文化遗产
- 批准时间：2000 年
- 评定标准：文化遗产标准 C(III)(IV)(V)
- 遗产评价：西递、宏村这两个传统的古村落在很大程度上仍然保持着在上个世纪已经消失或改变了的乡村的面貌。其街道的风格、古建筑和装饰以及供水系统完备的民居都是非常独特的文化遗存。

遗产特色

西递、宏村古村落位于中国东部安徽省黟县境内的黄山风景区。它们既是中国封建社会后期文化的典型代表——徽州文化的载体，也是皖南地域文化的典型代表，集中体现了工艺精湛的徽派民居特色。村中自古尊儒术，重教化，文风昌盛，程朱理学的封建伦理文化、聚族而居的宗法文化、村落建设中的风水文化、贾而好儒的徽商文化等，这些明清时期达到鼎盛的徽州文化现象都在这里得到了集中体现，历史文化内涵深厚。

西递距黟县县城 8 公里，始建于北宋皇祐年间(1049—1054 年)。整个村落呈船形，有保存完好的古民居 122 幢，被誉为“中国传统文化的缩影”“中国明清民居博物馆”。

西递木雕楼

西递四面环山，两条溪流从村北、村东穿过村落汇聚于村南会源桥。一条纵向的街道和两条沿溪的道路成为村落主要骨架，构成东向为主、向南北延伸的村落街巷系统。村中所有街巷均以黟县青石铺地，建筑多为木结构、砖墙维护，木雕、石雕、砖雕丰富多彩，巷道和建筑的设计布局协调。整个村落空间变化灵活，建筑色调朴素淡雅，呈现典型的徽派建筑艺术特色。

宏村位于黟县县城东北 10 公里处，始建于南宋绍兴元年(1131 年)，村落面积约 19 公顷，现存明清时期古建筑 137 幢。处于较高地势的村落常被云雾笼罩，因此被赞为“中国画里的乡村”。宏村的古建筑均为分列规整的粉墙青瓦。其中最为宏大、精美的代表作是承志堂，被誉为“民间故宫”。承志堂就像是一所徽派木雕工艺陈列馆，各种木雕层次丰富，繁复生动，虽经百余年时光消磨，至今仍栩栩如生。

宏村月沼美景

宏村从高处看，宛若一头斜卧山前溪边的青牛，因此被称为“牛形村”。村中半月形的池塘像“牛胃”；一条400余米长的溪水盘绕在“牛腹”内，就像是一根“牛肠”；村西溪水上架起四座木桥就像“牛脚”。这种别出心裁的村落水系设计，既为村民生产、生活用水和消防用水提供了方便，也很好地调节了气温和环境。

遗产保护

20世纪90年代，黟县的西递、宏村以其独特的人文景观吸引了越来越多的中外游客。如何更加有效地保护好这些古村落也日益引起人们的关注。

1996年6月，原建设部副部长、中科院院士、工程院院士、国家历史文化名城保护专家委员会主任委员周干峙到黟县西递、宏村考察后，认为宏村可以和西递一起申报世界文化遗产。在当地政府的积极努力和各级建设主管部门的支持下，建设部于当年将黟县西递、宏村报列世界文化与自然遗产预备名单。

2000年6月28日，联合国教科文组织第24届主席团会议通过黟县西递、宏村列入世界文化遗产名单，提交成员国表决。

2000年11月30日，联合国教科文组织第24届成员国全体会议一致通过中国皖南古村落西递、宏村正式列入世界文化遗产名录。

2001 年 2 月 24 日，黟县人大十三届四次会议通过《黟县西递、宏村世界文化遗产保护办法(暂行)》，并以政府令发布实施。

2001 年 6 月 25 日，国务院正式批准西递古村落建筑群为国家级重点文物保护单位。

西递、宏村申报世界遗产成功后，该县通过政府引导、群众参与、市场运作，合理利用古村落旅游资源，促进了遗产保护的可持续发展。

西递村前的胡文光刺史牌坊，建于明万历六年(1578 年)，坊基周围占地 100 平方米，坊高 12.3 米，宽 9.95 米。

保护模式

1997 年西递、宏村世遗保护与开发步入正轨。他们坚持“保护为主、抢救第一、合理利用、加强管理”的方针，依法对西递、宏村古村落实行系统性、规范化的保护管理，确保了世界文化遗产地的原真性和完整性，找到了一个既符合古村落保护管理要求、又适应市场经济发展规律的双赢模式。

1. 编制并宣传保护规划

聘请高水准的专业机构编制保护性规划，强化规划的宣传与引导。重点解决为什么要加强保护、重点保护哪些古建筑群以及如何保护的问题，使全体村民都能支持、关心和参与保护工作。2002 年，西递镇还组织举行了保护世遗千人签字仪式。

2. 完善保护机制

当地政府陆续出台了《安徽省古民居保护条例》《黟县古民居保护管理办法》《西递古民居卫生管理办法》《西递古民居保护与开发收益分配制度》《西递古民居保护考核办法》《西递世遗保护与开发村规民约》《黟县宏村保护规划》等一系列管理制度，明确了村民及相关部门保护古民居的责任、权利和义务，从而营造了保护西递、宏村世遗古村落的良好氛围。

3. 健全经营管理机构

西递世遗经营管理有镇政府（镇里成立了西递世遗管理委员会，由镇长任管委会主任，具体负责世遗保护与开发工作）、村委会（具体负责本村的群众工作）、各种协会（这个层面是根据实际需要而设立的，目前有西递世遗保护与开发协会、西递世遗保护与开发工商管理协会等）、经营实体（该镇1992年就成立了西递旅游服务公司，实行的是股份分红制）四个层面。宏村的经营管理机构也与此类似。

经验借鉴

1. 行政的强力推动

古村落的保护需要行政的有力推动，需要方方面面的支持配合。这不是一朝一夕就能完成的，要克服重重困难，保持政策的延续性。既要有胆识，更要耐得住寂寞。西递、宏村成为世界文化遗产之后，当地政府积极探索世界遗产保护与管理机制，及时成立世界文化遗产保护管理领导组，综合协调、指导世界文化遗产的保护管理工作。他们成立了专门的遗产管理委员会、遗产保护管理监察大队及民间保护协会，强化保护工作的日常监管监控。

2. 整体保护与旅游开发相结合

古村落的保护与开发是一个整体，它不是孤立的存在。因此，保护应是立体的、全方位的。只有实现整体保护与开发，才能体现出保护的厚度；同时也只有把古村落保护与旅游开发相结合，才能使古村落实现更好的生存发展。西递、宏村科学发展旅游业，加大资金投入，在不破坏遗产真实性的前提下，对建筑进行维修。对已开放的保存较好的古民居实行在参观人员购买参观券后，由导游引导依次参观，民居中的村民过着自己的日常生活。民居内窗明几净，屋内家具、用具摆设和字画的布置，都保留着明清古朴典雅的特色，许多家具都是明清时保留下来的，很多民居中还摆设着红木家具。

3. 妥善处理现实问题

古民居保护与开发涉及现代生活方式与古代生活方式对接、现代文化与古代文化的碰撞、古建筑的维修技术处理等诸多问题。两个古村落解决这些问题的方式是：建设新区(新村)，将有能力改善居住条件或不服从古民居保护管理的居民迁出，同时将不符合古民居建筑风格的形态、业态一律撤除或迁出。这样使原来的古村落得到了很好的保护。

文化与自然双遗产：黄山

遗产特色

- 中文名称：黄山
- 英文名称：Mount Huangshan
- 遗产地址：中国安徽省南部黄山市黄山区境内
- 遗产类型：文化与自然双重遗产
- 批准时间：1990 年
- 评定标准：文化遗产标准 C(II)；自然遗产标准 N(III)(IV)
- 遗产评价：黄山被誉为“震旦国中第一奇山”。在中国历史上的鼎盛时期，通过文学和艺术的形式（例如 16 世纪中叶的“山”“水”风格）受到广泛的赞誉。今天，黄山以其壮丽的景色——生长在花岗岩石上的奇松和浮现在云海中的怪石而著称，对于从四面八方来到这个风景胜地的游客、诗人、画家和摄影家而言，黄山具有永恒的魅力。

遗产特色

黄山原称“黟山”，传说中华民族始祖轩辕黄帝在此修炼升仙。唐天宝六年(747年)六月十六日改现名，这一天被唐玄宗钦定为黄山的生日。

黄山位于安徽南部，南北长约40公里，东西宽约30公里，面积约1200平方公里，其中精华部分有154平方公里，号称“五百里黄山”。

黄山处亚热带季风气候区，山高谷深，气候呈垂直变化。黄山北坡和南坡受阳光辐射差异大，局部地形对气候起主导作用，形成云雾多、湿度大、降水多的气候特点。主峰莲花峰海拔1864米，有温泉、云谷、松谷、北海、玉屏、钓桥六大景区。

黄山“五绝”——奇松、怪石、云海、温泉、冬雪，共同构成了黄山独特的自然与文化景观。黄山动中有静、静中有动的万千变化勾画出了奇、伟、幻、险的美景。宗教文化遗迹、古代关卡、古道、石桥艺术、摩崖石刻、黄山画派、黄山古诗词等构成黄山丰富的文化内涵。黄山既雄峻瑰奇，又秀丽多姿，它的冰川遗迹、溪瀑潭湖、奇木异卉、日出奇观、云蒸霞蔚，变幻出美轮美奂的万千风景。

黄山云海

黄山是一座自然景观与人文景观兼具的资源丰富、生态完整、具有重要科学价值及生态环境价值的国家级风景名胜区和疗养避暑胜地。

遗产保护

1979 年，邓小平同志视察黄山时作出“把黄山旅游的牌子打出去”的指示，从此掀开了黄山保护的崭新一页。黄山风景区管理部门组织编制了《黄山风景区总体规划》，严格规范景区的管理和建设行为，在实际工作中妥善处理保护与开发的矛盾，把黄山风景区的管理、开发和建设逐步纳入科学化、规范化的轨道。

1990 年，被联合国教科文组织列入世界文化与自然遗产后，黄山风景区严格遵守《黄山风景区总体规划》和《黄山风景区管理条例》，实行依法治山，坚持“严格保护，统一管理，合理开发，永续利用”的方针，强化风景资源的保护与管理。

1993 年，安徽省人民政府成立了以省长为主任的黄山规划委员会，加强对黄山规划工作的领导。后又陆续设置规划办公室、土地办公室、建设管理办公室、工程建设交易中心等，规范景区的规划建设。

从 1986 年起，黄山管委会成立森林病虫害防治指挥部，设立植物检疫站，制定严格的检疫检查制度，杜绝一切松木及其产品进入景区。2005 年 8 月，黄山市松材线虫病预防体系工程一期工程的建成，形成了黄山景区松材线虫病综合预防体系。

2003 年 7 月，黄山成立污染治理管理站，对景区的生活污水治理负总责。全山建成了 13 个污水处理站，日处理污水能力达 5000 吨。

20 世纪 80 年代后期开始，对黄山著名的迎客松实施全球首创的专人“保姆式”守护管理，在迎客松边上一间不到 6 平方米的小屋内，常年居住着专职护理员，使它成为全国唯一的配有“警卫”的树木。2004 年 6 月，黄山风景区在迎客松边上建立了一个小型气象观测站，对迎客松周围的各项环境因素如风力、风向、温度、湿度进行监测，为迎客松的保护提供科学依据。

2004 年 6 月 27 日—29 日，联合国教科文组织在北京召开第一届世界地质公园大会，这是世界地质公园发展史上的重要里程碑。黄山作为首届地质公园代表出席会议并在大会上作典型发言。这标志着黄山的遗产保护拓展到了地质公园保护的范畴，同时也标志着黄山对自然、历史遗产的生物学概念上的保护升华到地质学概念上的保护，从而使对遗产的保护由三维保护变成包含时间在内的四维保护。

保护模式

黄山坚持人与自然统筹、经济与社会统筹、城乡统筹、区域统筹、国际国内统筹，在保护的前提下以发展为第一要务，同时形成从被动保护到主动保护、他律保护到自律保护的氛围，形成科学的保护、发展模式。保护是发展的基础，发展为保护带来支撑。

黄山的保护模式由行政建制、经营体制、旅游管理方针、内部能力建设四方面组成。

1. 行政建制

黄山保护与旅游经营均需恰当的行政建制来支持。1979—1985 年间，黄山风景区管委会成为厅级单位，1983—1985 年间它下辖一个县级市——黄山市（俗称“小黄山市”，由原太平县、歙县汤口镇、石台县广阳镇组成），构成黄山旅游特区，由省政府直属领导。1986 年后，黄山风景区管委会与原黄山市的行政隶属关系解除，1987 年将原徽州地区改为黄山市（俗称“大黄山市”），原黄山市改为现黄山市下辖的“黄山区”，黄山风景区管委会主要领导由黄山市主要负责人兼任，并受黄山市管辖。

2. 经营体制

黄山的旅游经营活动是黄山管理的一项核心内容。黄山在经营中引入市场机制，借鉴中国企业改革“所有权与经营权分离”“股份公司上市筹资”等模式，于 1996 年创建黄山旅游发展股份有限公司，1999 年进一步扩大组建成黄山旅游集团。这两个经济实体与黄山管委会是一套班子，两块牌子，其全部经营业务（企业管理、投资和收购等资本运作）完全由这两个实体按照市场方式运作。

3. 旅游管理方针

黄山风景区管委会提出“严格保护，统一管理，合理开发，永续利用”的指导方针，从 1979 年黄山管理局成立之初，就把“山上游，山下居”作为协调旅游与保护这一矛盾的首要基本方式。

4. 内部能力建设

黄山风景区管委会为强化自身的能力建设，在工程、技术、管理、行政等方面采取了一系列措施，对景区土地的使用与规划，建筑工程的市场与施工，景区生态、环境、卫生、安全等管理，“食、住、行、游、购、娱”旅游服务，股份公司的资本运作，旅游集团的企业经营等，进行整体规划、规范管理。

经验借鉴

1. 重视科学规划、规范管理

黄山站在全社会、全人类的高度指导其文化与自然双重遗产的开发，科学规划、规范管理，严格保护。他们对黄山的森林资源、古树名木、游览环境、生物多样性等进行全面的保护，确保可更新资源的永续存在；确保和维持自然生态系统的动态平衡；确保物种的多样性和基因库的发展；保护脆弱典型和有代表性的生态；保护珍贵稀有的野生动物物种群；保护水源的涵养；保存有科学价值的研究对象和场所；保护野外休养地和风景旅游场所；珍惜景区的土地资源，合理开发利用好每一寸土地。

2. 实施可持续发展战略

(1) 全面评价风景区现行政策和法规，制定可持续发展的法律、政策体系，突出风景区环境、社会与经济间的联系与协调。通过法规约束、政策引导和调控，推进风景区经济、社会和环境的协调发展。

(2) 树立风景资源有价论和风景资源有偿使用的新观念。

(3) 努力提高环境意识，尊重大自然的内在价值与多样性。

(4) 搞好风景区环境卫生、精神文明、景区安全、护林防火的达标管理工作，进一步提高风景区的综合管理和服务水平。

仙人背包

(5) 开展科学研究，加强人才培养，进行资源考察，摸清风景本底，为科学地管理好风景区奠定坚实的基础。

(6) 加强国际合作，争取国际社会以优惠的、非商业性条件向黄山风景区提供清洁的生产技术和有利于环境保护的设备等。

文化景观：汤加里罗国家公园

遗产信息

- 中文名称：汤加里罗国家公园
- 英文名称：Tongariro National Park
- 遗产地址：新西兰北岛中部地区
- 遗产类型：文化景观遗产
- 批准时间：1990 年，1993 年
- 评定标准：文化遗产标准 C(VI)；自然遗产标准 N(II)(III)
- 遗产评价：1993 年，汤加里罗成为第一处根据修改后的文化景观标准被列入《世界遗产名录》的遗址。地处公园中心的群山对毛利人具有文化和宗

教意义，象征着毛利人社会与外界环境的精神联系。公园里有活火山、死活山和不同层次的生态系统以及非常美丽的风景。

遗产特色

汤加里罗国家公园内坐落着汤加里罗、瑙鲁赫伊与鲁阿佩胡三座火山，由毛利部落首领蒂修修图基诺四世于 1887 年赠送给国家。1894 年，新西兰政府将这 3 座火山连同周围地区正式辟为公园，定名汤加里罗公园。

汤加里罗国家公园是新西兰最著名的火山公园，公园里有活火山、死活山和不同层次的生态系统以及非常美丽的风景。就火山来说，公园内有 15 座近代活动过或正在活动的火山口，呈线状排列。向东北延伸，雄踞着海拔分别为 2796 米、2291 米以及 1968 米的鲁阿佩胡、瑙鲁赫伊与汤加里罗三座火山，堪称是公园内气势最为宏伟的大型火山。其中，最为壮观的是瑙鲁赫伊山，山坡陡峭，顶部是直径 400 米的火山口，呈圆锥形，是十分典型的圆锥形火山。此火山常年火光一片，烟雾腾腾，生生不息。鲁阿佩胡火山是一座只有 75 万年的“年轻”的活火山，是北岛的最高点。火山顶上终年积雪皑皑，是著名的滑雪胜地。汤加里罗巨大的山体绵延 18 公里，雄壮美丽，众所周知，拥有著名锥体造型之称的瑙鲁赫伊实际上也仅是汤加里罗的火山喷口之一。

火山爆发

汤加里罗公园里呈现一片火山园林风光，是举世闻名的自然景观。苍翠欲滴的天然森林、层峦叠嶂的山群、绿草繁花的草原、水波荡漾的湖泊都是汤加里罗公园里引人入胜的景致。蜿蜒在山间的是由火山灰铺成的银灰色大道，峰顶皑皑积雪，放眼望去，十分壮观。山麓缓坡地带被森林覆盖，为众多原生鸟类提供了庇护所。新西兰唯一的本土哺乳动物——短尾与长尾蝙蝠就栖息于此。同时，公园还拥有丰富的火山地貌带来的独特地热资源，沸泉、间歇泉、喷气孔、沸泥塘等遍地可见。这也给游人带来乐趣，在公园里，将几根木条架在地上，密布喷气孔，就形成了“地热蒸笼”，进行野餐，生马铃薯甚至生牛羊肉都可以蒸熟。

汤加里罗公园也是新西兰滑雪、白水漂流、高山穿越、徒步旅行的好去处。在鲁阿佩胡山的两大滑雪场——华卡帕帕与图罗瓦，游客可以尽享滑雪与雪板的绝妙体验。对于不善滑雪者，这里还有平底雪橇和管道滑雪项目可选择，或仅仅登高远望欣赏壮美风光。其次，汤加里罗河为漂流提供了绝佳的条件，一连串高达 3 级的急流给漂流者带来精彩刺激的漂流体验。另外，汤加里罗高山每年夏天都会迎来约 7 万名徒步者穿行，过夜的挑战行程有 4 日北区环道与 6 日环山步道。公园还拥有多条较短的步道，可通往瀑布与迷人的火山景观，包括鲁阿佩胡火山口。热气腾腾的火山口、古老的熔岩流以及地热湖泊，会使这个徒步之旅十分难忘。

终年白雪皑皑的火山顶

这座国家公园中的群山对于毛利人民来说具有十分重要的精神意义，特别是汤加里罗，毛利人称之为圣山。相传，大祭师加托罗伊朗基在攀登汤加里罗时遭遇了暴风雪被冻结成冰，于是他向哈瓦基——毛利人位于波利尼西亚的故乡——求救火源。他的祈祷得到了答复，大山喷发了，汤加里罗也因此赢得了毛利人的敬仰。

遗产保护

汤加里罗国家公园的申遗之路是与众不同的，它因为不同的缘由得到了"世界遗产"三次不同的认证。首次以"文化遗产"遴选为世界文化遗产；后来，又因自然和文化两方面的突出表现，被放在双重遗产的范围；最后一次，以文化景观的名义列入《世界遗产名录》。

1990年，汤加里罗国家公园进入《世界遗产名录》，组委会是从汤加里罗对毛利人的生活影响的角度去认识的，依据的是文化遗产遴选标准的第6条"与具特殊普遍意义的事件或现行传统或思想或信仰或文学艺术作品有直接或实质的联系"而入选世界文化遗产的。

然而，汤加里罗在自然遗产意义方面的贡献，是在三年之后才逐步被人们深入认识并提交至世界遗产委员会的。

1993年，由于人们重新认识了汤加里罗国家公园在自然方面的价值以及公园与毛利人的对应关系，世界遗产委员会决定按照自然遗产遴选标准的第2条(人类与自然环境相互关系的突出例证)、第3条(独特稀有绝妙的自然现象或地貌)把汤加里罗国家公园放在了双重遗产的范围。因文化景观遗产的概念及标准的诞生、实施，汤加里罗国家公园被认为更符合文化景观遗产所说的关联性文化景观。之所以被列入《世界遗产名录》，是因为它"以与自然因素、强烈的宗教、艺术或文化相联系为特征，而不是以文化物证为特征"。汤加里罗国家公园因此成为第一个以文化景观遗产的名义列入《世界遗产名录》的遗产。

保护模式

1. 保护自然遗产

汤加里罗公园里有活火山、死活山和不同层次的生态系统以及非常美丽的风景。1887年，由毛利部落首领蒂修修图基诺四世赠送给了国家之后，一直以来都得到新西兰政府的保护。1894年设为公园，之后荣升为国家公园。直至1993年，由于独特稀有绝妙的自然现象和地貌而成为自然遗产，都体现出新西兰政府保护自然景观的决心。现今，汤加里罗国家公园成为世界闻名的旅游胜地，新西兰当局在开发旅游业之际仍然注重保护自然景观，坚持有节制地开发。

2. 保护文化遗产

地处公园中心的群山对毛利人具有文化和宗教意义，象征着毛利人社会与外界环境的精神联系。汤加里罗国家公园诠释了毛利人的价值观念与生活细节，让毛利人的生活习俗尽情地展示在世人的面前。汤加里罗国家公园在1990年被遴选进入《世界遗产名录》，便是对汤加里罗国家公园在文化保护方面的一个肯定，该公园也由此开启了文化遗产保护的新里程。

3. 注重自然与民族文化的交融

对于汤加里罗国家公园这个文化景观遗产而言，作为动因的“毛利族文化”在与汤加里罗美丽的自然风光相融之后，最终以“文化景观”的形式熔铸于汤加里罗国家公园之中，不再是纯粹具有人文意义的“文化”，而是一种独特稀有的文化，是毛利民族文化与自然的融合。它是自然与文化的桥梁，集中体现了文化景观的核心价值，是文化景观研究和保护的重要着眼点。

景色优美的汤加里罗国家公园

经验借鉴

1. 促进世界遗产观念的发展

随着人类生存理念的变化，世界遗产的内容和种类也在不断调整。在《世界遗产公约》通过 20 年之后，文化景观作为一个全新的遗产类型出现。

文化景观的概念始于 1992 年的第 16 届世界遗产大会，大会做出了吸纳具有世界意义的杰出文化景观进入《世界遗产名录》的决定，文化景观由此成为世界遗产的一个崭新类别，为世界遗产概念内涵增添了新的成分。

文化景观遗产的确定，就是从人们对新西兰汤加里罗国家公园的重新认识开始的。现今，文化景观的概念为具有明确划定的地理—文化区域的代表性及体现此类区域的基本而具有独特文化因素的能力。通常体现持久的土地使用的现代化技术及保持或提高景观的自然价值，保护文化景观有助于保护生物多样性。文化景观覆盖了旧式稻作农业区域、宗教文化集中地、被湮没的考古遗址、土著人聚落、典型民族村寨和所有融会了自然景观和人类活动的遗产地。这类强调了人类日常生活融入自然环境的文化景观遗产项目的申报，我国还缺乏足够的重视和力度，需要借鉴汤加里罗国家公园的经验。

2. 维护文化尊重

不论地理学还是遗产意义上的文化景观，尽管内容丰富、形式多样，但都以“自然与人类的共同作品”为内核，所体现的是人类长期的生产、生活与大自然所达成的高度和谐与平衡。它以风景为表，文化为里，是风景与文化的有机融合，具有很高的生态学、美学、人类学和历史学价值。文化景观有双重意义，既是风景欣赏的对象，也是文化体验的对象，从中可以体味人与自然共存共荣、可持续发展的真谛。文化景观遗产地的旅游发展中，在风景欣赏与文化尊重、旅游经济利益与文化尊重之间会出现两难选择，而在现实利益的权衡下，文化尊重往往会被牺牲或部分牺牲。这既伤害文化景观遗产的价值，不利于其真实性与完整性的保护，从长远看，也不利于旅游业的可持续发展，因此，维护文化尊重是始终不能放弃的核心立场。

汤加里罗国家公园邮票

口头传说和表述：塞梅斯基人的文化空间与口头文化

遗产信息

- 中文名称：塞梅斯基人的文化空间与口头文化
- 英文名称：The Cultural Space and Oral Culture of the Semeiskie
- 遗产地址：俄罗斯联邦特兰斯贝卡地区
- 遗产类型：非物质文化遗产
- 批准时间：2001 年
- 评定标准：《人类口述和非物质遗产代表作条例》
- 遗产评价：塞梅斯基人顽强地坚守着自己淡泊但却自认是高尚的生活

方式，坚守着对耶稣基督的虔诚和挚爱。其价值观、生活模式和民间艺术表现形式依然保持着历史传统，再现了16、17世纪俄罗斯民族的生活情景。他们唱的长调歌曲堪称复调歌曲的独特典范。

遗产特色

俄罗斯塞梅斯基人的生活方式极为独特，他们至今远离现代生活，活生生再现了16、17世纪俄罗斯民族的生活情景。

塞梅斯基人居住在俄罗斯偏远的特兰斯贝卡地区，他们有着自己独特的文化要素和群体意识，是一个由宗教信仰结合起来的古老的信徒社会群体。塞梅斯基意为“以家庭为单位生活的人”，忠实信奉17世纪前的“东正教”。他们的历史充满了压迫、迫害和流亡。17世纪东正教分裂后，他们先后受到了正统教会和苏联政权的冲击。女皇叶卡捷琳娜二世统治时期，他们被安置到人迹罕至的西伯利亚，因而得以保存原地域的文化和旧俄罗斯的生活方式。他们使用混合着白俄罗斯、乌克兰和布里亚特语的俄罗斯南方方言。生活上遵守家庭崇拜、严格的道德规范，着传统服装，住所和装饰别具一格。每逢家庭庆祝和民间节日，他们组织起来的合唱队就开始演唱源自中世纪俄罗斯的礼拜音乐的歌曲，这些歌曲的“拉长音”，堪为复调歌曲的独特典范。

塞梅斯基人的价值观、生活模式和民间艺术表现形式至今保持着历史传统，相同的生活习俗使他们彼此之间存在很强的认同感，从而形成一个当今社会独特的社会群体。

塞梅斯基人生活的贝加尔湖

遗产保护

17 世纪后半期，俄国沙皇阿列克塞·米海洛维奇命令牧首尼康制订宗教改革方案，旨在号令天下、维护君主统治，其中最重要的改革是按照希腊文的译文对《圣经》进行了校正和解释。遭到一部分民众和神职人员的强烈反对，他们执意维护原有的东正教。改革派称他们为分裂派(旧礼仪派)，对他们采取了流放、火刑等严惩措施。旧礼仪派中的一些上层人物如莫罗佐娃公爵夫人和阿瓦库姆督主教也都被流放到自然条件极为恶劣的偏远地方，一部分旧教徒则逃亡到当时的波兰地区。

18 世纪中期，这些逃亡者分 23 批被陆续押解回国，安置在人迹罕至的西伯利亚。其中有 9 批被安置在贝加尔湖一带，获得了塞梅斯基人这个专门的称呼。

旧礼仪派在沙皇统治的历史环境中，是一个被侮辱、被损害、始终被歧视的群体，但他们仍顽强地保持自己的信仰和生活文化特征。哪怕在无神论占绝对统治地位的苏联时期，塞梅斯基人仍保持内心那份自豪感和优越感，顽强地坚守着淡泊而自认为高尚的生活方式。他们坚守着对耶稣基督的那份虔诚和挚爱，坚信自己是最忠诚于上帝的人。

自 19 世纪中期以来，他们把自己的房舍油漆成华丽鲜亮的五颜六色。男人留长胡子，女人着色彩丰富的衣饰，保留着一百年以前生活的模样。

他们敬畏上帝，喜爱干净整洁，认为与上帝同在就必须使自己的居住环境

塞梅斯基人油漆成五颜六色的房子

保持高度的整洁；他们对外界别无所求，自给自足；他们坚守宗教规条，不吸烟，不喝酒，每逢周日上教堂做礼拜。

保护模式

1. 塞梅斯基多声部合唱乐队

独特的合唱乐队是塞梅斯基文化中最令人印象深刻的。乐队演奏的都是产生于17世纪的古老的俄罗斯教会音乐的曲子。从1935年至今，熟练掌握这种音乐的很多支乡村唱诗班的演出经久不衰。苏联解体后，俄罗斯的城市和乡村均受到市场经济的巨大影响。塞梅斯基多声部合唱队的表演也反映了这种变化。这种表演脱离了原有的生活场景，使本来是群体生活有机组成部分的、带有若干仪式性质的艺术活动成为了一种商业性的文化产业活动。但同时，这些合唱无论是曲目、唱词和唱法，仍被塞梅斯基人谨慎地保留着原有的民间口头传统，没被时尚过度浸染，保留了塞梅斯基人的文化传统。

2. 制订保护计划

当地政府部门塔尔巴嘎台行政机构为了保护塞梅斯基人的口述文化，根据塞梅斯基文化发展的规律和社会历史的需求，制定了文化保护政策并采取了相应的保护措施。俄罗斯实施了十年保护计划，包括普查记录塞梅斯基传统文化、召开塞梅斯基文化研讨会、设立一个与遗产相关的节日、为塞梅斯基人口述文化建立一座古老的木结构的建筑博物馆等。

3. 建立塞梅斯基文化中心

由于社会经济的发展和时代的冲击，掌握技艺、通晓传统习俗的旧教徒不断去世，塞梅斯基文化中的许多成分都面临着消亡的危险。为更好地拯救塞梅斯基这一人类宝贵的非物质文化遗产，当地政府建立了塞梅斯基文化中心以使其得到更好的保护。

经验借鉴

1. 重视文化的内在驱动力

某些特定的社会群体，虽然被异文化包围，却仍然顽强地坚守着自己民族的文化传统，这样的案例在世界上并不罕见。可以说，内在驱动力是文化传统延续发展的根本关键因素。塞梅斯基人的信仰和价值观，是推进其文化发展的重要内在驱动力。他们有对旧礼仪派教义的虔诚信仰，还有相应的仪式和制度作为保障。他们有文化自觉的意识，有对自身文化传统的自豪感、尊重以及坚守传统的愿望，并在日常生活方式当中认真地执行和体现。

传统文化的延续和健康发展，必须要有社会群体的有力支撑，其核心动力在于广大社群的文化自觉和文化实践。过去传统文化中社群民众的习俗与仪式或自娱自乐，或仅仅是公益性的活动，但在市场经济下被人们纳入到经济活动领域中来，其功能和性质就发生了变化，它往往要听从服务对象的意愿和市场规律的需求。但数百年来，塞梅斯基人一代又一代传承者经历了暴风骤雨般的考验，却始终坚持、延续着自己独特的社群文化，这需要有足够的智慧、毅力和文化自觉精神。

2. 承认和尊重共享性

几百年来，塞梅斯基人在原有历史文化传统的基础上，吸收了原逃亡地乌克兰、白俄罗斯和现今居住地布里亚特人的若干文化因素，形成了现在的独特文化特征。这些特征表现在非物质文化层面，呈现出它的共享性，而这种共享性是民族文化发展的有利因素。它使不同社群和民族相互借鉴和启发，成为推动整个人类文化进步的积极因素。

不同群体和民族在非物质文化的共享性特点下在许多场合中获得了共同语言，也使得他们有了和谐共处的基础。共享性使人类文化发展史更加丰富多彩、更具多样性。承认和尊重共享性特点能使不同群体互相促进、彼此和谐，并利于非物质文化遗产的保护和发展。

风俗、仪式、节庆：江陵端午祭

遗产信息

- 中文名称：江陵端午祭
- 英文名称：Gangneung Danoje
- 遗产地址：韩国江陵地区
- 遗产类型：非物质文化遗产
- 批准时间：2005 年
- 评定标准：《人类口述和非物质遗产代表作条例》
- 遗产评价：江陵端午祭拥有近千年历史，包括音乐、舞蹈、文学、戏剧和工艺品等，均具有较高的艺术价值，也反映了平民的历史和生活形态。江陵端午祭还生动地再现了韩国儒教、萨满教、道教等宗教文化和丰富多彩的庆典仪式及表演艺术。

遗产特色

江陵端午祭是韩国江陵地区在端午节时举办的韩国传统节日庆典与习俗，旨在继承和发扬端午节传统文化习俗。

江陵的端午祭不是一家一户的小型祭奠礼仪，而是这一地域大规模巫术祭礼的全民庆典活动。韩国早在 1603 年就有关于江陵端午祭大规模庆典习俗的详细记录。江陵的端午祭祀活动在古时称为“部落祭”，除有保存文化、辟邪求福功能，还蕴含陶冶民众性情、防止各姓族群间的分裂以实现社会大同的目的。这种共同体礼仪的延续是“江陵端午祭”得以流传至今的根本原因。直至现在，每逢端午，江陵人都要举行祭祀和相关集市活动。他们认为，只有如此才算是纯正的江陵人。这些庆典均与本地区的有关神话传说相联系，意味着“地区历史”“地区人物”已成为人们心目中敬奉的对象，成为自己独立的信仰体系，因而具有明显的地域性。因此，现今流传的江陵端午祭除有韩国端午祭的共同传统习俗外，还有属于自己的独特内容。

在韩国江陵地区，端午祭有着繁琐的祭祀仪式。如果从迎神的“前夜祭”算起，一般要举行 5 个昼夜；如果从“山神祭”算起到送神止，时间长达 20 多天；如果从农历 3 月 20 日“谨酿神酒”算起，到 5 月 6 日祭祀结束，则长达一个多月。这种庆祝方式，通行于以江陵市为中心的岭东地域，直到平昌郡的大关岭。

江陵地区的端午祭，除指定的祭礼、巫祭、官奴假面戏、农乐竞赛、儿童农乐竞赛、鹤山奥道戴歌谣外，还有众多的民俗活动，如汉诗创作比赛、乡土民谣竞唱大赛、全国时调竞唱大赛、拔河、摔跤、荡秋千、射箭、投壶等；庆祝活动，如烟火游戏、端午放灯等；夜间活动，如国乐表演、伽琴并唱等；艺术活动更是丰富多彩。此外还有被称为“乱场”的商品交易。其中的祭祀仪式所祭祀的神灵是“大关岭山神”或大关岭城隍，保存了完整的形式和内容，是江陵端午祭的核心。

假面舞

荡秋千

摔跤

划龙舟

韩国江陵端午祭既受中国端午文化的影响，又与中国的端午习俗有很大不同。韩国江陵的端午祭实际上是由舞蹈、萨满祭祀、民间艺术展示等内容构成，这与中国人吃粽子、划龙舟、纪念屈原不同。它以韩民族自己的方式，结合韩国民众的需要和审美观，创造了丰富多彩的内容和形式。韩国端午祭按照传统风俗，在端午这一天要吃“艾子糕”，喝益仁汁，妇女们用菖蒲汤洗头发或饮用菖蒲水，或用菖蒲露化妆，称为“菖蒲妆”。在历史上，士大夫人家的门柱上贴朱砂符以避邪，君臣之间要互赠端午扇表示祝贺。

遗产保护

20 世纪 60 年代，随着韩国现代化进程加快，加上受西方文化的严重冲击，大批民俗文化学者倡导保护韩国的无形文化遗产。

1960 年，韩国中央大学的任东权教授发现，江陵市举办的端午祭活动规模最大，且很有特色，是现在韩国保存比较完整的传统节日习俗之一。于是写了调查报告，向韩国文化观光部申请确认其为“重要无形文化遗产”，但是由于评委们对民俗文化缺乏了解，直到 1967 年这项提案才正式通过。

1962 年 3 月，韩国成立了文化财委员会，下设专门文化课负责全国文化遗产的审查与论证，负责定期对文化财进行审议。

1962 年 1 月，韩国出台《文化财保护法》，落实对文化遗产的法律保护。

1967 年，江陵端午祭被指定为韩国“文化财 13 号文化遗产”和重要无形文物，受到法定保护。

2004 年 6 月 11 日—27 日，韩国举办“2004 年与千年端午节同乐——江陵国际观光民俗节”，将江陵端午祭祀与国际观光相结合，邀请世界各国参加，取得巨大国际影响。

2004 年，韩国表示，准备向联合国教科文组织申报端午节为本国文化遗产，引起各方关注。

2005 年，韩国向联合国教科文组织就江陵端午祭正式提出申请。11 月 25 日，江陵端午祭被联合国教科文组织正式确定为人类口头及无形文化遗产。

保护模式

1. 定位准确

端午祭，虽然与中国的端午节在时间上有相合之处，最早也可能是从中国传播过去的。但从现行的仪式、活动期限、规模及其包含的文化内涵分析，它与中国的端午节已有原则不同，的确是属于韩国民众自己的一项民俗活动。韩国对“端午祭”的定位十分明确：民俗“庆典活动”。它始于“端午节”的风俗，如今发展成为“尝试新文化、探索新生活方式”的现代庆典活动。其所“包蕴的是民众巨大的希望、平凡的生活哲理、隐藏在人心背面的欲望”。

2. 独特的民间信仰与民众的自主参与

韩国江陵端午祭是一项大型的庆祝活动，它以端午节为契机，紧密结合了韩国民众信仰和农时活动。因此韩国江陵端午祭的“根”，是贯注着该地区民众共同信仰的那些基本的祭祀礼仪。对此，江陵人始终坚守不移，不管环境与时代变化有多大，他们都虔诚地按原来程序进行。它的祭仪，无论是“儒教祭仪”还是“巫祭”，都保持了原生形态。在民众心目中，只有如此才是江陵的端午祭。这种认识与守持，有力地维护和传递着活动的原始生命力。这种原生形态正是端午祭历史价值、文化史价值和美学价值之所在，是被列为无形文化遗产的根本原因。

江陵端午祭上的民乐表演

江陵端午祭的巫祭

"端午祭"至今还生机勃勃地传承着，根本原因在于它所传递的文化精神依然扎根于现代民众的心里。那些传统的祭祀仪式、风物游艺，依然存活在当今江陵人的生活当中，是人们精神和信仰的一部分。正是民众的自觉参与，推动着传统自然地传承与衍变，生生不息。

韩国江陵端午祭久负盛名，每年的端午祭期间，来自韩国和世界各地的观光者达百万人之多。五月初五被认为是天体居于宇宙中心，万物之气相聚，因而是最为丰腴的日子。传统上，农历五月初五端午这天被认为是年轻人最容易动情的日子。因此，一到端午节年轻女性就穿上美丽的韩服荡秋千，以吸引男性的注意。而男子则多在摔跤上较量高低，展现自己的力道。是什么东西吸引如此众多的参与者、参观者，这不能不归结为韩国江陵市政府对民间无形文化财产的高度重视和有效的保护。正是这一举措，使得一个民间节日成为江陵文化的标志、韩国民族精神的象征；成为一种无形文化遗产，供人类享受；成为外界认识韩国文化和江陵民情的一个窗口。

经验借鉴

从韩国申遗的案例中可以学到很多经验，只有文化遗产保护起来了，文化才会丰富多样，文化创意才不会枯竭停滞，文化产业才会有强大的生命力，为国民经济注入强大的活力。

1. 充分发挥民俗学者的作用

民俗学者在韩国文化遗产保护传承中起着不可替代的作用。韩国每年的传统活动，都有民俗学者积极介入。这种学术参与，为传统文化保护注入有益的智力支援，促成了积极健康的发展。"江陵端午祭"是韩国民俗学会前会长、中央大学教授任东权先生于 20 世纪 60 年代初期首先发现并热心关注的。经他的提议,1967年政府将其列为国家重点文物第13号。从此,这一活动有了制度的保护,获得传承与创新。而面对一些由濒临灭亡而走向复苏与发展的事项,韩国民俗学者展开认真反思。他们认为,值得吸取的教训是:过去许多无形文物消失在无所需求中,如有符合现代需要的无形文物,必须使它们得到复苏。探讨文化有无继承的价值固然重要,但继承文化的意志也是不可忽略的。我们无法强求子孙无条件地接受传统价值和生活,但应该让他们体验过去,并给予甘心继承的机会。

2. 积极开拓"保护"空间

"保存"以"存"为目标;"保护"则不同,它以"养"为目标,是对对象生命系统生态整体的保养与呵护,着眼于民俗生命的延续与发展。江陵政府和人民既用心守护"端午祭"的生命之根,又主动从现实吸取滋养,不断开拓新机,最终实现了传统的持续发展。随着时代的前进,有许多新的内容自然会补充进来,这一点在江陵端午祭中也表现得十分明显。江陵端午祭的组织者十分明确"人为明天而活着,热切的渴望与理想是人类生命的源泉"。作为民俗活动,每年的端午祭在保持传统的基础上,尽可能安排增加新的活动项目。

3. 高度尊重祖先遗留的文化遗迹

国土面积狭小的韩国,在文化领域取得成功,首先在于他们对过去的文化遗存具有的高度尊重,而不管它是否能够带来利益。尊重祖先,重视传统,尤其是重视传统文化和传统节日,让人们在享受传统节日和传统文化的喜悦中受到潜移默化的教育。其次是有清醒的意识。能够根据其重要程度做到分级保护。韩国人对民间文化遗产的偏爱到了"爱财如命"的地步。他们把文化遗产称为"无形文化财产",确立了国家级无形文化财产100多种,地方级无形文化财产200多种。民间文化大部分被囊括其中,并且通过文化节加以传承、演出,使它们不是成为博物馆中僵死的标本,而是构成韩国人精神生活的重要内容。

表演艺术：侗族大歌

遗产信息

▶ 中文名称：侗族大歌

▶ 英文名称：Kam Grand Choirs

▶ 遗产地址：中国贵州省东南部黎平等县

▶ 遗产类型：非物质文化遗产

▶ 批准时间：2009 年

▶ 评定标准：《人类口述和非物质遗产代表作条例》

▶ 遗产评价：一个民族的声音，一种人类的文化。侗族大歌是无伴奏、无指挥的民间多声部民歌的总称，包括声音歌、叙事歌、童声歌、踩堂歌、拦路歌。“众低独高”是其传统的声部组合原则，优美和谐是其鲜明的艺术品格，歌师教歌、歌班唱歌是其全民性的传承方式。它所承载和传递的是一个民族的生活方式、社会结构、人伦礼俗、智慧精髓等至关重要的文化信息。

遗产特色

侗族大歌是在中国侗族地区流传的一种多声部、无指挥、无伴奏、自然和声的民间合唱歌曲。侗族大歌起源于春秋战国时期，仅从有文字记载的宋代算起，就有1000多年的历史，历史上分布在整个侗族南部方言区，现主要流传于贵州东南部的黎平、从江、榕江等侗族世居地区，是我国目前保存的优秀古代艺术遗产之一，被誉为“清泉上闪光的音乐”。

庆祝申遗成功时的大歌演出

侗族大歌模拟鸟叫虫鸣、高山流水等自然之音，主要歌唱自然、劳动、爱情以及人与人之间的友谊，是人与自然、人与人之间的一种和谐之声。大歌的结构一般由“果(组)”“枚(首)”“僧(段)”“角(句)”构成，分部合唱形式是领唱(独唱)与众唱相结合，高声部一般由2—3位歌手轮流领唱，进出自如，委婉动听，音色音质高度统一；低声部和中声部由众人合唱，采用娴熟的轮流换气，使低音持续绵延不断。整个大歌声部协调默契，张弛有度，有如行云流水，表现出侗族人天人合一的精神境界。

侗族大歌是无人伴奏、无人指挥的多声部合唱，完全不需要安排谁唱高音，谁唱低音，因为在歌唱的过程中，一种自然而然的力量就会把声音协调起来。因此，无论是音律结构、演唱技艺、演唱方式和演唱场合，侗族大歌均与一般民间歌曲、普通的合唱不同。它是一领众和、分高低音多声部谐唱的合唱种类，属于民间支声复调音乐歌曲。这在中外民间音乐中都极为罕见，具有十分重要的学术价值和欣赏价值。

侗族大歌比较讲究演唱场合，除平时训练外，只在重大节日、集体交往或接待远方尊贵客人时才在侗族村寨的标志性建筑鼓楼里演唱。其传承方式是歌师教歌、歌班学歌、全民唱歌。大歌按风格、旋律、内容、演唱方式及民间习惯可分为四类：嘎听、嘎嘛、嘎想、嘎吉，其中嘎听是最精华部分。侗族大歌代表性曲目有《耶老歌》《嘎高胜》《嘎音也》《嘎戏》等。

侗族大歌除了作为一种音乐艺术外，还是一部极其珍贵的侗族社会历史百科全书，是一个实用功能、审美功能与教育功能兼备的文化典型。千百年来，大歌没有文字，完全依靠口口相传的传统方式，将侗族的历史、文化、社会生产、科学知识、社交伦理、风土人情等内容一脉传承下来。大歌对于侗族的文化及精神的广泛传承和凝聚起着非常重大的作用，发挥了与文字功能相媲美的养心育人的巨大作用。

小黄寨侗族大歌表演

遗产保护

早在南宋时期，著名诗人陆游的《老学庵笔记》就载有侗人集体做客唱歌的情形，明代邝露的《赤雅》一书也有"侗人善音乐，弹胡琴，吹六管，长歌闭目，顿首摇足”的情景记载。

1952年，音乐家萧家驹和郭可诹在黎平县岩洞乡的侗族山寨参加土改运动，在侗寨中听到高低声部合唱的侗族大歌后，组织音乐工作者深入黎平县侗族山区去收集发掘、记录整理。侗族大歌开始被外界所注意。

1953年，薛良发表《侗家民间音乐的简单介绍》一文，开创侗歌研究先河，大歌研究建立在对其曲、词的收集和整理上。

1959年10月，黎平县侗族民间合唱团进京演出，打破了侗族大歌与外界隔绝的封闭状态，引起了外界的强烈关注，开始走向全国。但大歌的保护到20世纪90年代末都处于静态保护中，大歌的活态生存出现严重萎缩。

1986年10月3日，由贵州苗族侗族自治州政府组织的侗族合唱团首次赴法国巴黎参加秋季艺术节活动，受到热烈欢迎，打破世界音乐界认为中国没有复调音乐的看法。

1994年春节文艺晚会和2001年的春节文艺晚会，黎平县侗族大歌队演唱了《蝉之歌》《布谷催春》等侗族民间歌曲，使藏在深山的民间艺术奇葩名扬海内外。

2002年，黎平举办第二届黎平中国侗族鼓楼文化艺术节、中国少数民族音乐学会第九届年会暨侗族大歌国际学术研讨会。与会的116名国内外音乐学者、专家一致认为，侗族大歌具有申报世界非物质文化遗产的潜质，而黎平县最适合牵头申报。

2003年初，中国科学院和中国社会科学院侗族大歌保护项目组专家与黎平县人民政府达成协议，联合开展申请侗族大歌为人类口述和非物质遗产工作。

2003年2月21日，5项侗族大歌申报世界非物质文化遗产工作协议签订，侗族大歌的申遗准备工作正式展开。3月27日，黎平县委成立侗族大歌申报世界非物质文化遗产工作领导小组，下设办公室。

2003年8月，由贵州省文化艺术研究所主办，黎平县人民政府承办，在贵阳举行侗族大歌申遗文本研讨会。与会的众多专家认为，侗族大歌不单纯是一个艺术品种，而是一种社会形态。

2004年，黎平县对全县侗族非物质文化进行全面普查，建立大歌分布状态的基本数据库。

2004年，黎平县第一次组织侗族大歌申遗。虽然最终没能进入有效候选名单，但是这次申遗使侗族大歌这一杰作得到国内外专家、学者和评委的高度认同，也达到了借申遗之路扬大歌之名的目的。

2004 年 5 月，为了保护和弘扬优秀的侗族大歌，黎平县侗族大歌合唱团成立。2005 年，在原合唱团的基础上重新组成黔东南黎平县侗族大歌少年合唱团。

2005 年，黎平县组织专门工作班子开展侗族大歌申报国家《非物质文化遗产代表作名录》。2006 年，侗族大歌成功申报国家级首批《非物质文化遗产代表作名录》，并成为中国申报世界《人类非物质文化遗产代表作名录》的候选项目。

2006 年，受美国福特基金的援助，侗族大歌保护试点基地成立，在侗族大歌主要流行地区岩洞镇恢复并新建老、中、青、少大歌演唱队，并开展群众性的学歌和赛歌活动，逢年过节为当地群众演唱，使该镇所属各侗族村寨逐步建立起大歌文化自我保护发展的良性循环机制。黎平县为将大歌保护制度化，制定和颁布了一系列法规，如《黎平县民族村寨保护办法》《关于命名吴仕恒等 167 位同志为民间歌师、戏师及工艺师的决定》，并成立黎平县侗族大歌保护领导小组、侗族文化进课堂工作领导小组等相关保护机构。

2008 年 9 月起，侗族大歌第二次提请申报世界《人类非物质文化遗产代表作名录》。这次申报由贵州省文化厅文化遗产保护处和贵州省非物质文化遗产保护中心主持，组织有关专家撰写了申报的文本，按时报送了申报材料。按照要求完成了各项申报准备工作。

2009 年 9 月 28 日，经联合国教科文组织保护非物质文化遗产政府间委员会审议批准，贵州侗族大歌被列入联合国《人类非物质文化遗产代表作名录》。

保护模式

侗族大歌是在数千年的历史发展过程中形成的民间歌唱艺术，它的产生、发展、演变与侗族的社会文化生态密切相关。侗族丰富多彩的民俗文化与侗族人民重视和平、珍爱友谊、爱美和群体意识较强的文化精神，是造就侗族大歌这一惊世艺术瑰宝的良好土壤。作为原生态的人类非物质文化遗产，侗族大歌是以直觉状态的方式去体验自然、感受爱情、领悟人生，展现了侗族人民对自然的热爱与人生的执着追求。因而其遗产保护也以原生态生活与社会文化生活密切结合的方式进行。

1. 原生态的生活化保护

侗族的文化传统习俗是在节日、劳动之余、会亲交友时都要唱大歌，因而侗族大歌的表演与侗族社会丰富多样的民俗活动和节令紧密相融，在年复一年、反复演绎的民俗活动中形成了传承文化的持续性。其保护也强调以原生态的生活化方式和文化习俗来延续大歌生命活力及其传承性。例如，侗族重视团结，爱好交往，盛行集体做客的习俗，而唱“拦路歌”则充分显示了侗族的迎宾习俗。

当地还使大歌进入课堂教育，成为中小学音乐教学内容。1984 年，榕江县将大歌列为中小学音乐课程，让大歌流行区的侗家学生习唱大歌，不仅继承了侗族教歌、学歌、唱歌的文化传统，而且让孩子们在记忆本土文化传统的载体下，熟习和接近母语，并有可能回归传统，为大歌的生存与传承培养适宜的乡土文化土壤。

2. 设立民居保护基金

侗族大歌的歌唱表演场地往往是在村寨中心的鼓楼，村寨建筑形成的特殊场地环境对大歌的表演与发展有着重要的作用。保护侗族大歌这一非物质文化遗产需要从大的文化环境角度保护好侗寨的建筑环境，核心是保护和建设好村寨的鼓楼文化。鼓楼文化是侗族物质文化、制度文化、精神文化精华的聚集地。鼓楼的功能除聚众议事、传递信息和报警外，还是重要的娱乐场所，是大歌演唱和传承的重要场所。一般重大节日活动的对歌大都在鼓楼中进行，因此侗族建寨先建鼓楼。保护好原生态侗乡村寨风光及独具特色的侗族建筑文化，既是保护了侗族大歌表演的文化场地，也是对侗族人民与自然和谐统一的文化精神、传统生活方式的维护和传承。2009 年 12 月，黎平县政府颁布《肇兴侗寨古民居有偿保护实施意见(试行)》，对拥有全国最大侗寨美誉的肇兴乡古民居住户实施有偿保护。县政府每年拨出 50 万元作为肇兴侗寨古民居保护基金，成立古民居保护协会，专门负责古民居的保护和管理工作。通过对现有古民居进行分类定级，与户主签订协议，每年给予户主一定的资金补偿，鼓励当地居民保护自家民居完整，不改建、扩建民居，最大限度地保证侗族历史建筑的完整性。这一举措使村民自觉承担起保护村寨建筑环境与侗族文化的责任。

3. 对区域内的非物质文化遗产进行联动保护

以侗族大歌、侗族琵琶歌为代表的歌舞文化，以侗戏为代表的戏曲文化，以芦笙节、喊天节为代表的节庆文化，以“月也”活动、祭萨活动为代表的民间习俗文化等非物质文化遗产，均被纳入黎平县民族文化的保护范畴。目前，黎平县拥有全国重点文物保护单位 2 处、省级文物保护单位 11 处、县级文物保护单位 28 处；有国家级艺术之乡 7 个；国家级历史文化名村 1 个；全国首批民族民间文化保护试点单位1个；入选国家级《非物质文化遗产保护名录》5项，省级《非物质文化遗产保护名录》7项。

4. 注重培养继承人

黎平县还实施民族文化传承人培养、培训工程，建立了侗族大歌保护基地，深入开展民间办节活动，多渠道拓展民族文化的传承方式。黎平县前县委书记闵启华认为，侗族文化的传承只有从培养年轻传承人做起，才能使大歌这样的民族文化得以持续长远发展。

经验借鉴

1. 各级政府的参与和支持

在侗族大歌的申遗过程中，贵州省政府、文化厅与黎平县政府等积极参与进来。尤其在2004年黎平县第一次申遗失败后，各级政府吸取教训，高度重视，邀请省内外专家召开多次申遗文本研讨和文化遗产保护的考察指导工作。2008年9月，贵州省侗族大歌申报《人类非物质文化遗产代表作名录》领导小组成立。贵州省政府领导及省文化厅负责人对申报工作高度重视，专程到北京向文化部领导汇报贵州侗族大歌的申报工作，并多次进行专题研究。申报的文本和各项申报材料由贵州省文化厅文化遗产保护处和贵州省非物质文化遗产保护中心组织有关专家撰写。

2. 完善的组织管理

黎平县严格遵循中国政府关于非物质文化遗产的有关政策法规和联合国教科文组织《保护非物质文化遗产公约》的规定，按照侗族传统习俗教歌传歌，采取措施维护侗族文化传统，竭尽全力存续侗族大歌，推进表现形式多样性的创造，寻求适当的方式做好非物质文化遗产的保护、管理和合理利用工作。通过民众与政府的共同努力，逐步建立起比较完备的、有中国特色的非物质文化遗产保护制度，使具有历史、文化和科学价值的珍贵的侗族大歌得到切实认真的传承和发扬。

侗族大歌既是侗族的，也是中国的和世界的。侗族大歌申遗是在侗族人民群体和传承人尽可能广泛参与下申报完成的，也是在群众事先自主认可、自觉保护和传承中实现的。侗族大歌成功申遗有利于它自身的传承和发展，也有利于促进国际对话，保持世界文化的多样性。对于大歌等侗族非物质文化遗产的保护，贵州黎平等地区已着手实施“四个100工程”，即100名民族民间文化传承高级人才培养工程，100名民族民间文化传承拔尖人才扶助工程，

100 幢具有民族历史文化价值的典型民族建筑保护工程，100 个重点民族文化旅游村镇保护工程。他们的经验是，让群众在原生态的生活方式中参与文化遗产的保护工作，给他们发言权，从而在传统建筑和文化传承中实现非物质文化遗产的良好保护。

传统手工艺技能：龙泉青瓷传统烧制技艺

遗产信息

- 中文名称：龙泉青瓷传统烧制技艺
- 英文名称：The Traditional Firing Craft of Longquan Celadon
- 遗产地址：中国浙江省龙泉市
- 遗产类型：非物质文化遗产
- 批准时间：2009 年
- 评定标准：《人类口述和非物质遗产代表作条例》

▶ 遗产评价：龙泉青瓷传统烧制技艺是一种具有制作性、技能性和艺术性的传统手工艺，至今已有1700余年的历史。其成品服务人类生活，具有独特的审美价值。陈设瓷、装饰瓷、茶具、餐具等，是烧制技术与艺术表现的完美结合。

遗产特色

龙泉青瓷始于五代，盛于南宋，有着“质如玉、亮如镜、声如磬”的美誉，是中国古代皇宫的贡品，也是中国对外进行经济、文化交流的世界性商品。

现有烧制龙泉青瓷的古代窑址500多处，仅龙泉市就有360多处，历史上称这个庞大的瓷窑体系为龙泉窑。龙泉窑是中国陶瓷史上烧制年代最长、窑址分布最广、产品质量最高、生产规模和外销范围最大的青瓷名窑。龙泉窑制瓷史大致可分为三个阶段：第一阶段，南朝至北宋的初创时期，窑业规模较小，发展缓慢，受越窑、婺窑和瓯窑影响较大，产品质朴耐用，风格与越窑青瓷一脉相承；第二阶段，南宋的成熟时期，瓷业迅速发展，形成了胎薄釉厚、温润如玉的风格，列宋代五大名窑“官、哥、汝、定、均”之中，成为当时国内外的畅销品；第三阶段，元、明时期，虽龙泉窑青瓷的造型和纹饰更趋丰富，但质量远不如南宋，到明中期后渐趋衰落。

龙泉青瓷分为“哥窑”和“弟窑”。龙泉“哥窑”瓷品素有“金丝铁线”美称，古色古香，典雅庄重，以紫口铁足、釉裂成纹幻变见长，釉层丰厚饱满，釉色淡雅清灰，是瓷中珍品，在宋代被列为五大名窑之一。龙泉“弟窑”被誉为“青瓷之花”，以晶莹润泽闻名天下。厚釉白胎，釉层丰厚，光泽柔和，温润如美玉，其有棱线处，微露白痕为“出筋”，脚呈红色为“朱砂底”。

刻花玉壶春瓶

刻花芭蕉执壶

龙泉青瓷具有端庄、古朴、典雅、青淳的特点。其产品种类有上千种，包括仿古和现代的人物、动物、花瓶、挂盘、餐饮器皿、酒具、茶具、文房用具、药品皿具、灯具、版瓷版石及浮雕瓷画等。

遗产保护

20 世纪初，中国政局动荡，从晚清到民国，制瓷业几近人亡艺绝之境。

1949 年新中国成立后，国家开始恢复和发展陶瓷生产，弘扬传统陶瓷艺术。

1957 年 7 月，周恩来总理指示“要恢复祖国五大历史名窑生产(即官、哥、汝、定、均)，首先要恢复龙泉窑和汝窑”。国家轻工业部随后做出《关于恢复历史名窑的决定》，并于同年在南京召开全国各省轻工业厅局长会议，进行传达和部署。

1959 年，浙江省委、省政府成立浙江省龙泉青瓷恢复委员会，由众多专家、学者、老艺人等组成工作团体，在对龙泉产区进行全面系统的考古发掘、科学测试和复制试验的基础上，在上垟龙泉瓷厂将断烧多年的龙泉青瓷烧制成功。

中国第一个青瓷工艺美术大师、龙泉青瓷传承人徐朝兴

在政府扶植、政策支持和行业自身的努力下，50 多年来，龙泉青瓷复兴成功，产业规模扩大，从业人员增长，产品形式多样，工艺水平提升，龙泉青瓷已经成为当地的支柱产业和文化名片。

据最近的统计数据显示，龙泉目前有青瓷企业 128 家，从业者 5600 多人，年产值超 4.2 亿元人民币，占当地经济总产值的 8.99%。有中国工艺美术大师 3 位、中国陶瓷工艺美术大师 1 位、省级工艺美术大师 10 位、丽水市工艺美术大师39位。

龙泉市政府成立了独立的青瓷宝剑部管理和规划青瓷发展，现已成功举办了四届“龙泉青瓷·龙泉宝剑节”，推广和宣传龙泉青瓷，同时对龙泉大窑古瓷窑址组织进行了考古发掘，建立了青瓷产业园区，新建了青瓷博物馆。

2009年，龙泉青瓷传统烧制技艺被列入《人类非物质文化遗产代表作名录》。

保护模式

1. 打造文化“金名片”

龙泉市通过政府搭台、企业唱戏，在发掘龙泉青瓷传统工艺文化的同时鼓励青瓷产业的创新和发展，打造了龙泉青瓷这张地方文化的“金名片”。政府以节造市，连续举办中国“龙泉青瓷·龙泉宝剑节”，邀请国内外嘉宾参展参观，通过节会的放大效应，借助各种形式的广告及新闻媒体的宣传，推动传统产业升级，拓展青瓷市场，弘扬陶瓷文化。在杭州、上海、北京、沈阳等城市均成功举办了龙泉青瓷、龙泉宝剑精品展示会，扩大了龙泉青瓷的知名度，促进了龙泉青瓷产业的发展。

2. 政策扶持

当地政府对龙泉青瓷在领导力量、用地、资金、项目建设、税费征缴、信贷扶持以及信息等方面实行多项保护发展的优惠政策，鼓励当地青瓷艺人投资建厂和提高青瓷产业规模。并进一步加快推进青瓷企业的信息化进程，力争把文化优势转化为经济优势。

3. 技术创新

龙泉青瓷业的技术不断被创新和改造，如今已形成一套成熟而完善的手工制作程序，手工艺人技术娴熟。近年来，青瓷业在青瓷釉色发色稳定性改造方面引入国外先进技术，改造青瓷烧造的水平，并推广应用了计算机控制烧窑技术；研发建成电热窑、油窑、液化气窑等新型窑炉，结束了木柴烧瓷的历史；研制成功失传千年的哥窑“冰裂纹”技术；“哥窑”“弟窑”结合使用，研发问世浮雕瓷画等。共研发应用了30余项技术改革项目，使青瓷

南宋龙泉窑划双鱼纹盘

的品种和质量均达到了一个新的高度。其中，“浮雕瓷画、数控、计算机、电子电工技能培训项目”被列入 2005 年度国家“星火计划”，计算机自动控制烧制龙泉青瓷技术还获得国家科技进步三等奖。

经验借鉴

1. 培养专业人才

龙泉市人民政府为进一步利用人才培养资源优势，近年来分别与中国美术学院、浙江大学、景德镇陶瓷学院、金华职业技术学院、丽水学院等高校加强了产学研全面战略合作，同时推动了多所高校与龙泉中等职业技术学校的合作。合作双方以“优势互补、互利互惠、共同发展”为原则，以师资培训、专家讲学、中职校挂职、建立青瓷教学实习基地等形式进行合作交流。合作办学提高了龙泉中职校专业教师的教学能力，为龙泉中职陶瓷、机械、学前教育等专业学生提供了高层次学术教育。中职校则为高校提供场地和设备，为相关高校的美术学院、陶瓷学院的专家创作、学生实习提供了有利条件。2008 年 4 月，龙泉中职校与金华职院合作的首届中专大专连读函授班开班。2008 年 11 月，按照龙泉市人民政府之前与景德镇陶瓷学院签订的产学研战略合作协议，经友好协商，龙泉中职校与景德镇陶瓷学院达成合作办学协议。龙泉中职校还与丽水学院签订合作办学协议，挂靠该院开设机械制造与控制专业“3＋2”大专班。

2. 开展广泛交流

近年来，传统工艺与文化在国际上很受重视，为此，龙泉市政府与国内外陶瓷产区特别是艺术院校加强了交流，注重当代龙泉青瓷的发展和青瓷陶人的培养。如龙泉市就与日本、韩国等陶瓷产区进行了广泛的交流，促进了双方工艺文化的交流和技术的发展。艺术院校的师生与龙泉当地制陶人的交流，促进了当代龙泉青瓷的创新。如中国美术学院陈淞贤教授的青瓷创作就引领了龙泉当地的现代青瓷样式探索新潮，当地很多工艺美术大师在他的影响下，作品风貌变化很大，逐渐具备了世界共通的艺术语言。

另外，对龙泉古窑址的保护发掘和学术交流活动也很频繁，这不仅对青瓷工艺文化史进行了考证和梳理，也促进了青瓷相关资源的开发。开发大窑古窑址，保护木岱口“曾芹记”龙窑遗址，打造上垟青瓷基地，建设青瓷博物馆等，都大大丰富了龙泉青瓷在当代的发展元素。

原　则　篇

随着人类社会对文化遗产保护规律认知程度的不断深入，文化遗产保护的理念也在不断更新与提升。在文化遗产保护过程中提出的可识别原则、整体保护原则、最少干预原则、原真保护原则、可持续发展原则、教育保护原则、活态保护原则、伦理保护原则等一系列基本的、纲领性的规定，对于文化遗产保护具有十分重要的指导意义。

可识别原则：威尼斯及潟湖

遗产信息

- 中文名称：威尼斯及潟湖
- 英文名称：Venice and its Lagoon
- 遗产地址：意大利威尼斯
- 遗产类型：文化遗产
- 批准时间：1987 年
- 评定标准：文化遗产标准 C(I)(II)(III)(IV)(V)(VI)
- 遗产评价：威尼斯始建于 5 世纪，由 118 个小岛构成，10 世纪时成为当时最主要的海上力量。整个威尼斯城就是一幅非凡的建筑杰作，即便是城中最不起眼的建筑也可能是出自诸如焦尔焦内(Giorgione)、提香(Titian)、丁托列托(Tintoretto)、韦罗内塞(Veronese)等世界大师之手。

遗产特色

威尼斯是世界闻名的水上城市，素有“水都”之称，是意大利东北部的重要港口。它位于亚得里亚海深入内陆的一个潟湖之中，只有西北角有一条4公里长的人工长堤与大陆连接，全城由118个小岛组成，177条大小河道构成了城市的大街小巷，而401座各式各样的桥梁将整座城市的各个部分连为一体。威尼斯城建于公元5世纪，10世纪开始兴盛，至15世纪达到全盛，成为意大利最强大的海上“共和国”和地中海的贸易中心(尤其是香料贸易)与艺术中心。16世纪哥伦布发现新大陆后，其经济地位逐渐衰落。不过，威尼斯至今仍是意大利工商业中心之一，尤以珠宝玉石生产工艺和花边刺绣等著称于世。

威尼斯的桥梁和水街纵横交错，人们以舟代车，以桥代路，陆地与水面共映，鸽子与海鸥齐飞的景象，形成了这座水城特有的生活情趣和独特风光。街道两旁都是古老房屋，底层大多作为船库。各种各样的石桥或木桥横跨街心，将街道两岸衔接起来，高高的桥拱对行船一点也不会形成妨碍。威尼斯的401座桥造型千姿百态，风格各异，有的如游龙，有的似飞虹，有的庄重，有的小巧。在威尼斯的众多桥梁中，以连通火车站和市中心的利亚德桥最为有名。它是威尼斯的象征。利亚德桥又名商业桥，始建于1180年，是一座木桥，后来改为吊桥，1592年前后改建为现在这样全部用白色大理石筑成的单孔石拱

利亚德桥

桥。桥长 48 米，宽 22 米，离水面 7 米高，桥两头由 12000 根插入水中的木桩做支撑，桥上中部建有厅阁，横跨在大运河上。桥顶有一浮亭，桥两侧是 20 多家首饰商店和卖纪念品的小摊。该桥曾出现在莎士比亚的《威尼斯商人》中。

历经几百年的发展，威尼斯古城积存了众多的文化遗产，全市共有艺术历史名胜 450 多处。威尼斯城有大大小小 120 多座教堂，风格有哥特式、文艺复兴式、巴洛克式等，还有依水而建的 120 座钟楼、64 座男女修道院、40 多座宫殿。这些古建筑的风格各异，门窗、走廊上雕刻着精美的图案和花纹。圣马可广场和圣马可教堂是威尼斯最著名的名胜古迹之一。圣马可广场东西长 170 多米，西边宽 55 米，东边宽 80 多米，略呈梯形，南、北、西三面被富丽堂皇的王宫所环绕。它一直是威尼斯的政治、宗教和传统节日的公共活动中心，拿破仑曾赞它为“世界上最美的广场”。而始建于 829 年的圣马可大教堂，曾是中世纪欧洲最大的教堂。它是汇集了拜占庭、古罗马、哥特式和文艺复兴式多种建筑风格于一体的综合艺术杰作，其艺术之美不可胜收。

圣马可广场和圣马可教堂

威尼斯还是文艺复兴的一个重镇，拥有极为丰富的世界绘画遗产，历史上产生过巨大影响的威尼斯画派就诞生于此。如圣马可大教堂祭坛后方高处有宽 3.4 米、高 1.4 米的金色围屏，屏面上有用 2500 颗钻石、红绿宝石、黄玉等珠宝装饰的 80 多幅描绘耶稣、圣母、门徒马可圣迹的瓷片。教堂内外都布满了描绘圣经故事与宗教圣迹的镶嵌画，总面积 4000 余平方米。

遗产保护

人们把威尼斯看成是水上博物馆，对这座古老的水城充满了浪漫想象。但对于威尼斯这座水城自身而言，生存与延续才是它的主题。如何保护威尼斯一直是人们要面对的现实问题。

与100年前相比，由于水平面上升了23厘米，威尼斯这座以水闻名的城市正面临极大的水患。在1900年，市中心的圣马可广场每年只会被水淹10次，然而现今每年至少要被淹100次。1966年11月4日，大潮涌入古城，圣马可广场陷入水深1.2米以下，无数艺术作品被毁。2001年，威尼斯再次遭受严重水灾，城市大部分建筑被淹没。2003年9月14日，世界上的科学家们聚集在英国剑桥召开大型国际会议来讨论如何挽救水城威尼斯。2004年，意大利政府启动了以“摩西”命名的水利工程，依据威尼斯城市的自身特点采用一种活动水坝的形式预防海潮上升，当海水超过警戒水位1米时，水坝充入压缩气体使之起到临时挡住海水的作用。

威尼斯的水街

在对威尼斯城市环境和建筑的保护上，威尼斯市政府开始设立一些新的保护规则，来保护或恢复城市的古建筑。

由于威尼斯是世界游览胜地，每年要接待超过2000万人次的各地游客，导致交通拥挤、物价上升、服务机构严重不足等现象日益加重，一些重要景点的维修和养护也成为问题。2006 年,威尼斯政府开始讨论出台法案控制人流量,并对前来游览并过夜的游客征收旅游税,以维持良好的城市旅游环境和减轻景点修缮费的庞大压力。这一草案出台对世界各地同类旅游名城的管理具有积极的参考价值。

许多走向衰败的经典建筑在文化遗产修复中都得到了完善和改造,这也使得威尼斯一步一步地走向世界级文化遗产名录的行列。例如,格拉西宫博物馆是威尼斯文艺复兴时期最完美的建筑之一,然而这个完美建筑从 19 世纪就开始走向衰败。1981 年,威尼斯的政府部门出资购买了这个完全破旧不堪的建筑。经过政府长达近 30 年的修缮,以博物馆的形式恢复了它昔日光彩。又如在 3 世纪初就具有超乎想象规模但在 20 世纪初走向衰败的阿森纳船厂,是整个欧洲历史上保存最大和最完整的工业建筑群,始终代表着威尼斯过去的辉煌。近年威尼斯对这家具有历史意义的船厂进行了系统性修缮,结合一系列新的艺术元素,把它变成了威尼斯商业和文化展出的中心场馆。

保护模式

1. 重视“场所精神”

威尼斯城市文化遗产保护强调突出景观的“场所精神”,即通过对城市重要景观在选址的敏感性、风格差异与历史文化记忆,以及在材料使用的地方特色、技艺、公共环境、日常性和季节性的全城活动等要素上,充分呈现出一个城市孕育在具体景观场所中的城市精神、文化特色和历史内涵等,因地制宜地在个体景观中体现出城市的个性与特色。在意大利,爱护与保护文物已成为一种公共道德,也是全社会的自觉意识。政府出资修缮老宅,全社会力量动员参与文化遗存的共同保护,使“场所精神”在威尼斯对文化遗存的保护与利用中显得鲜活有力。

2. 保持古城的独特性

威尼斯游人如织,但安静、舒缓,绝无车马的喧闹声。“贡多拉”(Gondole)是这里唯一的交通工具,既轻巧环保,又富有情调。其穿梭往来的船影成为威尼斯的一道道美丽风景线,同时也成了这座城市的显著标志。威尼斯不仅用自身最典型的地域特色保持了其城市整体的风貌,更将其统一于城市的肌理当中。除了自然景观的整体保护外,优美的城市天际线也是威尼斯整体性保护的重要对象。天际线和标志性景观来着重凸显城市的标志性文化景观的作用。

3. 法律性干预保护

在意大利,对名城内重要文物的保护意识高于商品意识。政府为保护城市独特的文化生态系统,不是盲目投入大量的财力、物力与人力去修复重点景观或添置一些保护设施,而是通过严谨的城市规划和严格的整治有意识地进行干预。同时,通过物价、旅游税收等手段来控制游客人数,避免城市服务及景观负荷过度而被破坏。这些举措有效地保证了威尼斯的自然环境、人文环境,实现了城市文化遗产保护与利用的可持续发展。

经验借鉴

意大利不但文物古迹数量众多、品位很高,而且对文物保护工作高度重视,保护手段先进。以水乡风情闻名的威尼斯古城是意大利文化遗产的宝库,更是世界文化遗产保护可识别原则运用的典范。为了更好地拯救和保护文化遗产,威尼斯古城在保护修复中积极凸显了文化遗产的原貌性。

1. “可识别”原则的成功运用

“可识别”原则源自1964年颁布的《威尼斯宪章》,其思想主旨是强调后世对文物的修复部分必须与文物整体保持和谐一致,但同时又要与文物原位置区别开来并能明显看出是现代修复,防止补足部分使原有的艺术和历史见证失去真实性。例如在壁画的修复中,对壁画需要修补的地方,先考虑表面保护,再考虑支撑体,须充分考虑历史、哲学、美学的因素,在尊重历史的基础上修复。如壁画上有一块产生病变的朱砂记,在修复当中应保存这块病变而不能盲目去掉,因为这是原始状态。但对于需要新补上去的部分,不光要从美学角度和宏观上基本感觉不到视差,还要使人看出有区别,知道这是现代修补的部分。自“可识别”原则提出之后,便逐渐被广泛接纳、遵守和应用。这一理论改变了过去文物单纯追求天衣无缝甚至以假乱真的原则。“可识别”修复在整体上恢复文物的完整与美观的同时,可以极大地保留文物的原貌及其丰富的历史文化信息和修复信息,以便人们正确地认识器物的信息。“可识别”原则极大地推动了文物保护修复与利用理念的发展,对当前文物的保护修复具有积极的指导作用和学习、借鉴价值。

威尼斯因地制宜,通过创新手段和科技手段保护文化遗产,在文物修复上成功运用“可识别”原则,使得这座古城“如凌波的维纳斯”得以延续它的历史文脉,保持了宜人的视觉环境和独有的魅力,使其古老的文化遗存与当代人的文明和谐共处,保留了城市的个性与特色。

2. 古代与现代文明交融

借用古老建筑外壳，注入现代社会的文化内涵，使之成为具有时代特色的历史文化遗产，以此补充历史遗产的深沉韵味，才是历史古城的发展基调。威尼斯正是以这样的城市理念来推动社会的发展。这座城市中传承上百年的历史建筑，不仅承担着延续古代文明的重任，还利用后现代的思维，将城市的古代文明融入现代社会的日常文化之中。今日的威尼斯是一座充满创新精神的城市，既时尚、前卫，又不乏传统、古典浪漫气息。各类文化艺术展，如威尼斯美术双年展、威尼斯电影节、狂欢节等活动，使这座千年古城依然焕发着蓬勃的生命力。

整体保护原则：巴西利亚

遗产信息

- 中文名称：巴西利亚
- 英文名称：Brasilia
- 遗产地址：巴西的巴西利亚
- 遗产类型：文化遗产
- 批准时间：1987 年
- 评定标准：文化遗产标准 C(I)(IV)
- 遗产评价：始建于 1956 年的巴西利亚位于巴西的中心，是城市规划史上的里程碑。城市规划师卢西奥·科斯塔(Lucio Costa)和建筑师奥斯卡·尼迈尔(Oscar Niemeyer)认为城市中的一切元素都应该与城市的整体设计相吻合，巴西利亚城的城市布局常常被形容为“飞翔的鸟”，因为城市的行政管理区域和居民住宅区域布局对称，同时城中的每个建筑物也都是对称的，特别是政府办公楼，体现了极强的创新精神和丰富的想象力。

遗产特色

巴西利亚是巴西的首都，是在1956—1960年的3年多时间里在一片荒野上建造起来的现代化城市，一个历史最短的世界文化遗产城市。

巴西利亚面积5814平方公里，位于巴西中部戈亚斯州高原上风光秀丽、气候宜人的马拉尼翁河与维尔德河汇合的三角地带。巴西利亚城的整体设计是一架飞机的形状，设计大胆而别出心裁。巴西利亚没有古迹遗址，也没有大都市的繁华与喧闹，但它独树一帜的城市设计和充满现代理念的城市格局，多彩多姿的建筑风格和新颖别致的构思及寓意丰富的艺术雕塑，使这座新都蜚声世界。巴西利亚融世界古今多种建筑艺术风格于一城，使其获得“世界建筑艺术博物馆”的美称。如国会大厦，以“H”形并联的双楼构成葡萄牙文“人类”的首字母，寓意“以人为本”和“人类主宰世界”。国会大厦前的平台上的两个硕大白色建筑，敞口的建筑是联邦众议院会议厅，喻示着公众；覆面的是参议院会议厅，喻示着机密。

巴西国会大厦

遗产保护

历史上巴西曾先后在萨尔瓦多和里约热内卢这两个海滨城市建都。

1956年,巴西总统库比契克为开发内地,决定迁都巴西利亚。他从26个设计方案中选定了卢西奥·科斯塔教授的飞机型平面布局为城市设计的蓝图。

1957年,建都工程启动,至1960年,现代化的新都巴西利亚在巴西内地建成了。1960年4月21日,巴西将都城从里约热内卢迁至巴西利亚。

1981年,巴西开始制定政策法律,政府把文化遗产保护与生态环境保护结合起来,为巴西利亚的整体性保护提供了法律支持和政策保障。当年出台了联邦《环境基本法》,之后又陆续出台了各种环境污染防治方面的实施细则。《环境基本法》借鉴德国经验,理念和内容先进,规定国家应制定环境政策,实施环境许可制度,防止污染的发生与扩散。

1988年,巴西制定了《新联邦宪法》,历史上第一次在宪法中规定了环境权条款,认为人人都有权享受一个生态平衡的环境,将人类健康、生态系统保护、遗传基因保存等广泛的环境保护纳入到保护范围。到目前为止,巴西基本形成了应对大气污染、水质污染、废弃物泛滥以及保护自然资源的法律体系。

1987年12月7日,创建仅27年的巴西利亚被联合国教科文组织确定为"人类文化遗产",成为唯一一座被列为世界文化遗产的现代城市。

迥异于传统的欧洲教堂风格的巴西利亚大教堂

保护模式

1. 以环保为国策重点，实现整体保护

生态环境保护是巴西环境管理工作的重点，巴西利亚在生态环境管理和执法方面，有一支专业队伍，统一着装，行使国家环境监督管理的职能，并将遥感系统应用于环境监督管理。在保护生物多样性和稀缺物种方面，为了防止偷猎、偷采，环境保护部门和其他有关部门通力配合。从城市的规划者到管理者，他们都在巴西利亚的城市绿化中刻意保存和营建原始地城环境下的疏林草地的生物群落和植被环境，使许多热带丛林和巨树秀木得以融入城市景观，从而使城市环境兼顾了生物多样性保护与美学效果的和谐统一。此外，巴西利亚非常重视保护原有的森林和植被，1961 年在市近郊建立了面积达 3 万公顷的国家公园，在市中心区建立了面积有 420 多公顷的城市公园，并大规模植树种草。市政府还规定，住宅区必须留有一定比例的绿地。在南湖和北湖两个别墅区，政府免费给每户一块 200 平方米左右地皮的使用权，专门种植花草树木，各家自己出钱绿化养护这块地皮。经过 40 年的努力，巴西利亚已建成 5000 万平方米的草坪，730 万平方米的城市森林和花园，20 多个环境保护区，绿化面积占城市总面积的 60%。市区人均绿地达到 100 多平方米，在巴西全国居首位。而城市的绿化并非一味增加植被，而是首先保护好现有的森林、天然的草原和湿地的自然生态系统。

2. 树立崇尚自然的巴西人理念

巴西人民遗产保护意识很强，环保意识深入人心。巴西利亚的城建观念，则表现了巴西人对于自然和回归自然的不同解读和领悟：它不单纯是让人们偷空去领略一下大自然的旖旎风光，站在自然之外，去观望、鉴赏大自然的美，而是让人的生活与大自然和谐统一；让人不与大自然隔绝，而是时时刻刻生活在大自然之中，让人的生活与大自然一样美丽清新，保持一种科学合理的自然状态，生活得更加理智清醒，不那么紧张压抑。这种理念主要体现在不盖高层建筑和城市夜晚不搞“明亮工程”两个方面。

巴西人认为，高楼大厦虽然代表了一种时尚，甚至成了城市现代化的一种象征，但它使人感到压抑，影响人的情绪，容易使人产生与自然隔绝之感，天长日久，会使人厌倦甚至烦躁，不利于身心健康，所以巴西除了国家最高权力机关——两院议会大厦以外，其他任何建筑都限制高度。

巴西利亚政府与人民认为，夜晚就应当是黑的，是上帝的安排，是与人的饮食起居密切相关的自然规律，夜晚让城市亮起来有违自然规律，和返璞归真、回归自然的理念相悖。崇尚自然为巴西利亚的整体保护奠定了精神根基。

3. 统筹全局，建立科学的发展体系

巴西政府树立大局观念，统筹考虑，进行严格的城市功能定位和前瞻性的规划，把旅游经济的发展放在整个国民经济体系中来考虑，顾全大局，服从长远利益。首都巴西利亚的主要经济活动要服务于巴西利亚作为全国的政治和行政中心这一城市功能，因此巴西利亚市内没有工厂，市郊也不允许建污染环境的工厂。市区内主要发展服务业、旅游业以及高科技产业和食品加工业等，郊区则大力发展农业和养殖业，在城市周围形成宽广的绿色地带。此外，巴西利亚建设之初即规划了完善的道路系统，路面宽阔，交通便捷，很多人都在房价和物价相对便宜的卫星城居住，避免了市区人口的过度集中，减少了因大量建房对城市绿地和景观的破坏。巴西利亚能够在短时间内顺利成为世界文化遗产也得益于全面系统的规划。

“三权广场守护者”雕像

经验借鉴

“整体性保护”原则是在1964年颁布的《威尼斯宪章》中首先提出的。宪章强调保护古迹遗址必须将其原真性的形式、材料和制作技术作为一个整体加以保护，以保护其完整性。后来，整体性的内涵有了很大扩展。例如，对建筑遗产的整体性保护最初只是为了确保纪念物的安全而保护其周边环境，后来逐渐发展为需要考虑到经济、社会、历史、人工与自然生态等多方面因素对遗产的影响。

巴西利亚作为世界文化遗产保护“整体性”原则实践的典型代表，其成功实践经验主要体现在两个层面上。

一是城市规划、建筑设计与自然生态环境的整体协调。“整体性保护”对文化遗产的生态环境的要求是对某一具体事项进行保护时不能仅考虑该事项本身，而必须连同与它的生命休戚与共的生态环境一起加以保护。这一点在巴西利亚城市整体环境规划和生活理念上得到深刻体现。巴西利亚的生活理念是崇尚自然，强调城市生活与自然的紧密联系、人与自然的和谐统一，而不是将城市作为与自然隔绝的封闭空间。因而在城市的整体规划上，巴西利亚非常注重城市植被的绿化和自然原生态环境的保存。在经济产业上，巴西利亚则前瞻性地把高污染和高消耗的产业排除出自己的产业发展选项，注重发展旅游经济等环保型产业。另外，巴西利亚还非常注重城市整体环境保护，除了出台一系列环境保护法规和成立专业的环境执法机构外，突出环境保护部门和其他有关部门的通力合作。如在城市规划上避免对原生态森林资源的破坏，大力发展卫星城市以减轻核心城市的各种环境压力等。从而使城市化的发展实现现代化与自然化的共存，促进城市生态环境的多样性和可持续性。

二是体现在文化的整体性上。世界文化遗产所要保护的不仅是遗产有形的形体本身，也强调保护遗产背后对其形成起决定作用的历史文化内涵及其民族(社群)所创造的文化精神。而这一文化无论在具体内涵、形式、功能和民族精神情感上都具有内在的统一性，是同源共生、声气相通的文化整体。因而不能用对具体文化事项的保护来替代对优秀文化遗产全局的关注和保护，不能把文化遗产的保护与其文化生存的环境和背景进行割裂。只有对文化遗产实行全方位保护，才能反映并保存人类文化的多层次性和多样性，必须注意到遗产的文化“整体性”。巴西利亚在文化的整体性上很好地体现了文化遗产保护的“整体性”原则。例如，在城市文化价值观念上，巴西利亚对于自然与城市生活的理念是融合为一的，城市生活是自然的延续和统一，崇尚返璞归真、回归自然。因而政府与人民反对实行夜晚亮化，强调城市生活活动及与此相关的所有环境对象协调，城市整体规划和发展也严格按照城市功能定位进行前瞻性规划和大局发展。

巴西利亚的城市广场

此外,巴西利亚通过不断制定政策、完善法律体系,把文化遗产保护与生态环境保护结合起来。它运用整体保护方法严格规划城市功能定位、普及遗产保护知识,从而形成全民认同、全民保护的局面。同时,市政府制定出台严格的环境保护条例,保留和营造疏林草地的生物群落,做到靠江水自养,兼顾多样性保护与美学效果的和谐统一。倘若巴西利亚在文化遗产的保护实践中,只重代表性事项,则极有可能会造成其在整体文化环境上的破坏与损失。

最少干预原则：福建土楼

遗产信息

- 中文名称：福建土楼
- 英文名称：Fujian *Tulou*
- 遗产地址：中国福建省华安、南靖、永定三县
- 遗产类型：文化遗产
- 批准时间：2008 年
- 评定标准：文化遗产标准 C(I)(III)(IV)(V)(VI)
- 遗产评价：世界上独一无二的集居住和防御功能于一体的山区民居建筑的福建土楼，体现了聚族而居之根深蒂固的中原儒家传统观念，更满足了聚

集力量、共御外敌的现实需要。同时，土楼与山水交融、与天地参合，是人类民居的杰出典范。

遗产特色

福建土楼，又称“客家土楼”，因其大多数为福建客家人所建而得名。它以历史悠久、种类繁多、规模宏大、结构奇巧、功能齐全、内涵丰富著称，具有极高的历史、艺术和科学价值，被誉为“东方古城堡”“世界建筑奇葩”“世界上独一无二的、神话般的山区建筑模式”。

福建土楼产生于宋元时期，在明代早中期逐渐盛行，明末以后日益成熟和完善，并延续至今。风格奇异的土楼散布在福建西部的永定、武平、上杭及西南的南靖、平和、华安等县的崇山峻岭中。土楼大多依山就势而建，布局结构合理，是对中国传统建筑“风水”理念的典型实践。土楼主要采用当地的生土、木材、鹅卵石等材料而建的生土多层建筑，外形有圆形，有方形，有椭圆形和弧形等，具有节约、坚固、防御性强的特点，是一种自成体系的建筑。它既满足聚族而居的生活和防御的要求，又极富美感。福建土楼以永定土楼最为著名，在造型、装饰和建造工艺上都极为罕见。

目前成为世界文化遗产的福建土楼共有 46 座，分六群四楼，包括分布在永定县的初溪土楼群、洪坑土楼群、高北土楼群、衍香楼、振福楼，南靖县的田螺坑土楼群、河坑土楼群、和贵楼、怀远楼，华安县的大地土楼群。进入世界文

有“土楼王子”美誉的振成楼

化遗产的土楼形状除最常见的圆形外，还有方形、椭圆形、半月形、五凤楼、交椅形等，覆盖了福建土楼的所有建筑样式。

遗产保护

20 世纪 80 年代，福建土楼的代表作永定振成楼的建筑模型出现在美国洛杉矶国际建筑模型展上，引起轰动，与北京天坛一起作为中国南北不同风格的圆形建筑代表，被誉为“东方建筑明珠”。

20 世纪 90 年代，永定县最早开始申遗。

1991 年 3 月，华安大地土楼群中的二宜楼被列为福建省重点文物保护单位。同年 11 月，二宜楼被列为第四批全国重点文物保护单位。

1998 年 5 月，永定县成立了土楼申报世界遗产机构。

1999 年 9—10 月，永定县政府和龙岩市政府先后正式向福建省政府、国家文物局呈报《关于请求将永定客家土楼列入〈世界遗产名录〉的请示》，并邀请了十多批中外著名世界遗产专家进行实地考察、指导，吸取了不少建设性意见。

1999 年 10 月，华安县启动“华安大地土楼群申报世界文化遗产”项目。

2000 年 4 月，福建省决定把永定、南靖、华安三地土楼联合起来，以“福建土楼”的名称联合申报世界遗产，整合客家民系和福佬民系的土楼资源，确定了申报的范围和具体的保障措施。土楼核定为全国重点文物保护单位或省、县(市)级文物保护单位。

2006 年 5 月，南阳楼成为第六批全国重点文物保护单位。

2007 年 1 月，国务院正式批准福建土楼作为 2008 年代表中国向联合国递交世界文化遗产的项目，英文申报文本被联合国教科文组织接收。

2007 年 8 月，国际古迹遗址理事会专家对华安大地土楼群进行现场评估考察。

2008 年上半年，福建土楼顺利通过国际古迹遗址理事会的正式评估，获得申遗资格。

2008 年 7 月 6 日，由永定、南靖、华安的“六群四楼”组成的“福建土楼”在第 32 届世界遗产大会上接受表决，被正式列入《世界遗产名录》。

申遗以来，南靖和华安分别投入 1 亿多元，用于拆迁和改造土楼周边不协调建筑、实施“五线下地”、周边绿化和配套服务设施建设，从而真实展现了土楼的历史风貌，大大改善了土楼区域的人居环境。永定也投入大量资金用于改造一批道路、水系工程，对缓冲区内所有村落的环境卫生进行全面治理等。

但保护土楼总体上实行“修旧如旧”的原则，对土楼的修补不改变其原状，保持原有材料、传统结构、形制工艺和历史原貌。此外，福建有关方面采取措施增强群众的土楼保护意识。各地编写专门的土楼系列乡土教材，从幼儿开始即进行土楼保护教育。

2011 年 9 月 29 日，福建省第十一届人民代表大会常务委员会第二十六次会议通过《福建省“福建土楼”世界文化遗产保护条例》。

依山而建的南靖土楼

保护模式

1. 政府高度主导

由于福建土楼分布的行政区域较多，有龙岩的永定县，漳州的南靖、华安县，共有两市三县。省政府通过把不同行政区内的客家民系和福佬民系区域的土楼资源整合成“福建土楼”，在整体上保证了福建土楼区域间的统一性，避免了行政分割的不利，也保证了申遗成功前保护工作的可行性。

2. 法规多样化

在土楼的保护规范上，各级政府都制定了相应的规范性文件。整体的有福建省政府出台的《福建省“福建土楼”世界文化遗产保护条例》《福建省“福建土楼”文化遗产保护管理办法》《“福建土楼”保护规划》，对土楼的性质、保护的原则、办法使用范围，各级政府和文化、文物、规划、旅游、公安、环境保护等有关行政管理部门的保护管理职责做了详细的规定，使土楼保护管理各个环节都做到了“有法可依、有规可循”。具体的有每个县的土楼保护法规，如《福建(永定)土楼保护管理规定》等。南靖县消防大队根据土楼保护的特殊性，先后制定出台了《土楼消防安全管理制度》《土楼防火公约》《土楼消防室管理规定》《土楼消防安全管理人的消防安全职责》等安全保护的相关文件。县政府还充分发挥广播、电视、报刊等新闻媒体的优势，开展保护土楼相关法律法规宣传教育。

3. 科学编制保护规划

永定、南靖和华安三县专门委托高校以及相关规划单位依法制订了土楼保护规划。规划组在掌握了大量的第一手材料基础上，对土楼申报区的资源情况与现状问题进行了比较深入的分析。根据申报世界文化遗产的需要，从多方面切入，科学地提出了视线走廊控制、交通组织、环境保护、防灾和旅游展示以及服务设施、基础设施等具体规划要求，并科学地规划了土楼的保护范围和建设控制地带等。

4. 社区的高度参与和监测

广大民众对福建土楼的保护和申遗成功发挥非常重要的作用。如永定县专门成立“土楼保护管理中心”，设立“土楼保护管理专项基金”，建立“福建(永定)土楼”保护管理信息系统和动态监测机制，构建县、乡、村、楼四级土楼保护管理网络以及村民人人参与的管理和保护机制等，调动村民自发保护的积极性。村民自发组建了土楼保护管理小组，每座土楼都设立楼长、安全员、卫生员，把土楼保护管理工作责任落实到乡、到村、到人。

振成楼的壮观内景

经验借鉴

“最少干预性保护”原则是在1964年颁布的《威尼斯宪章》中首先提出的。最少干预性保护原则旨在对传统建筑进行修复时，以最少干预的方式进行，强调“不许进行任何添加，除非它们不至于贬低该建筑物的有关部分、传统布局以及它的构图平衡和与周边环境的关系”。最少干预性保护原则实际上是对整体保护或原真保护原则在具体实践中的一种规范，这一规范最大限度地保证了文化遗产的整体性或原真性，并使它们具有客观真实性。

1. 对土楼保护实行最少干预原则

2011年9月29日，福建省十一届人大常委会第二十六次会议审议通过的《福建省“福建土楼”世界文化遗产保护条例》中明确规定：对土楼本体建筑的保养和修缮，是“福建土楼”保护工作的一项重要内容。无论是政府、有关部门，还是土楼所有权人、使用权人都有修缮保养“福建土楼”的责任和义务。“福建土楼”的日常保养和维护由所有权人和使用权人负责，并承担修缮的报告义务；修缮由县级人民政府及其文物行政主管部门负责组织，并承担修缮费用。同时，条例还规定了修缮“不改变其原状”的原则，政府文物部门要对修缮过程进行监督。条例的实施有助于最大限度地对土楼进行整体保护，并维持它的原真性。

这种对土楼最少干预的保护方式，使土楼建筑主题及其附属建筑物与楼内具有重要生活场景、文化生成价值与社会教育的生活环境之间保持一种原生有序性，同时，对楼内的物品如字画、摆设、器物、楹联、雕刻等原有物的保持与使用，使得土楼的生活场景可以持续，保持了原真的文化场景的形成与成长。此外，最少干预还强调土楼群与村落、土楼与河流山川环境间空间结构的完整原真性，保持了村落文化的命脉，以及土楼赖以生存的自然与文化机制。

2. 对土楼保护采用高科技方法

2011年11月28日，由福建省质监局计量院承担的国家质检总局科技计划项目《福建土楼保护性监测方法研究》通过验收。这项研究以三维激光扫描技术为手段，对点云拼接、实物轮廓线提取、墙体剥离量计算等数据处理方法进行创新，研发了一系列数据处理系统，可准确测量土楼的整体形变和位移，解决了古建筑整体变形观测难的课题。这是三维激光扫描技术首次运用在福建省文物遗址保护上，与传统利用全站仪、GPS等仪器测量方法相比，三维激光扫描技术的测量效率与自动化水平更高，可为世界文化遗产福建土楼的保护研究建立完整、准确的历史数字资料档案，并能处理福建土楼房屋沉降和墙体剥落等古建筑保护问题，对土楼今后的复建、维修、改陈具有积极的促进作用。

原真保护原则：杭州西湖文化景观

遗产信息

▶ 中文名称：杭州西湖文化景观

▶ 英文名称：West Lake Cultural Landscape of Hangzhou

▶ 遗产地址：中国浙江省杭州市

▶ 遗产类型：文化景观

▶ 批准时间：2011 年

▶ 评定标准：文化遗产标准 C(II)(III)(VI)

▶ 遗产评价：自公元 9 世纪以来，西湖的湖光山色引得无数文人骚客、艺术大师吟咏兴叹、泼墨挥毫。景区内遍布庙宇、亭台、宝塔、园林，其间点缀着奇花异木、岸堤岛屿，为江南的杭州城增添了无限美景。数百年来，西湖景区对中国其他地区乃至日本和韩国的园林设计都产生了影响，在景观营造的文化传统中，西湖是对天人合一这一理想境界的最佳阐释。

遗产特色

西湖是一个湖泊型的国家级风景名胜区，位于浙江省杭州市，三面环山，东面濒临市区。西湖旧称钱塘湖、西子湖、武林水，至宋代始称西湖。西湖水域面积约 6.5 平方千米，东西宽约 2.8 千米，南北长约 3.2 千米，绕湖一周约 15 千米，平均水深 2.27 米，水体容量约为 1429 万立方米。西湖被孤山、白堤、苏堤、杨公堤分隔，按面积大小分别为外西湖、里西湖、北里湖、小南湖及岳湖五片水面，其中外西湖面积最大。孤山是西湖中最大的天然岛屿，苏堤、白堤越过湖面，小瀛洲、湖心亭、阮公墩三个人工小岛鼎立于外西湖湖心，夕照山的雷峰塔与宝石山的保俶塔隔湖相映，由此形成了“一山、二塔、三岛、三堤、五湖”的基本格局。

“杭州西湖文化景观”始于公元 9 世纪，13 世纪基本成形，18 世纪达到兴盛，一直传承发展到现在。“西湖文化景观”遗产区面积约 43.3 平方公里，包含秀美的自然山水，独特的“两堤三岛”和“三面云山一面城”的景观整体格局，还有系列题名景观“西湖十景”和 10 处内涵丰富的相关重要文化遗存以及历史悠久的西湖龙井茶园等。

西湖申遗小组认为，西湖是历史上最能体现中国传统文化核心价值的审美实体，是东方审美体系中最具经典性的文化景观。西湖的原真性、唯一性和独特性，用通俗的话来表达就是：与世界上以自然景观著称的湖泊相比，西湖

西湖十景之一“曲院风荷”

的人文景观是最多的；与世界上以人文景观著称的湖泊相比，西湖的自然景观是最美的。西湖是自然美与人文美完美结合的典范。

遗产保护

西湖的兴盛，与杭州人民和历代先贤对西湖的保护、建设密不可分。从吴越国的钱镠，到唐代的李泌、白居易，北宋的苏东坡，明代的杨孟瑛，清代的李卫等，都对保护西湖作出了伟大的贡献。

《西湖全景图》（赵蕅生绘）

1949 年中华人民共和国成立后，历届杭州市委、市政府为西湖的保护、建设和管理做了大量卓有成效的工作。

21 世纪以来，杭州市委、市政府更是把保护西湖摆在突出位置，根据世界遗产保护准则的要求，对西湖的自然人文生态进行了更全面的保护和修复。

1999 年，西湖申遗工作开始。

2001 年夏天，国家文物局文保司考察浙江遗产保护和申遗工作后，建议把西湖和龙井茶一起作为文化景观申报世界遗产。以西湖申遗为主要任务的西湖综合保护工程正式实施。

2002 年，杭州市委、市政府正式接受这一建设性意见，确定按“西湖—龙井茶”的名称申报世界文化遗产。同年，杭州市开始实施为期 10 年的西湖综合保护整治工程，以期通过恢复西湖原有水面、增加文化景观、改变景区所属乡村的业态、提高服务设施水准等使西湖环境得到进一步改善。与此同时，浙江省的一些专家按照世界文化遗产的六条标准对西湖“突出的普遍价值”进行了梳理。其中，陈文锦先生在 2007 年出版的《发现西湖》一书中，提出西湖是“中国传统文化在山水审美领域中的经典型范例”的观点，就西湖在中国文化和审美历史上的“独一无二的特性”进行了详细的阐述。

2006 年，西湖被列入中国世界文化遗产预备名单。

2008 年，杭州市政府委托中国建筑科学院建筑历史研究所制订西湖申遗文本，规划和进行修复保护。2008 年至 2010 年，中国建筑科学院建筑历史研究所完成了西湖24处主要文化景点的修复整治设计和施工；启动了阐述遗产价值的重要景点的展陈设计，使整个西湖的建筑、遗址、景观、陈列展览、标志系统成为西湖遗产价值展现、介绍和阐述的整体。到2010年6月底，基本完成了第一轮西湖申遗整治工程。

2008年8月，经浙江省人民政府致函提请，西湖作为正式申报项目由国家文物局报中国联合国教科文组织全国委员会核准。

2009年2月，向联合国教科文组织世界遗产中心递交西湖申遗文本及规划纲要。后又根据世界遗产中心的要求，对申遗文本及规划纲要作了修改完善。

2010年9月，国际古迹遗址理事会委派专家到杭州对西湖申报项目进行实地评估考察。

2011年5月，世界遗产中心公布国际古迹遗址理事会对西湖申报项目的评估意见。

2011年6月24日，世界遗产委员会第35次大会在巴黎举行，会上“中国杭州西湖文化景观”被宣布列入《世界遗产名录》。西湖成为我国继庐山和五台山之后第三个获批“文化景观类”世界遗产的项目，也是我国第41项世界遗产、第29项世界文化遗产。

西湖保俶塔远景

保护模式

1. 保护发展并举

杭州按照“保老城、建新城”的理念和“两疏散、三集中”的思路，使西湖和杭州这座历史文化名城得到了更好的保护，在遗产保护和城市发展之间找到了最佳平衡点，完美实现了西湖的保护与发展。西湖是在长期的人与自然的良性互动的基础上就自然湖而造就的人文之湖。西湖的形成与经典化体现了不断演进、始终活着的文化自然形态。自然美与人文美完美结合的典范，恰恰是西湖原真性的本质所在。西湖的人文景观多、自然景观美，在自然美中折射了中国传统哲学、美学、人文、建筑等的诸多文化理念，而在人文美中又渗透了许多自然的、物候的意象。自古以来，西湖保护和发展的历史，都是人与自然良性互动的完美结合。而在1000多年的历史发展中，西湖一直保持着这一历史的原真性，其基本元素和符号始终延续。而在当下的遗产保护工作上，杭州市通过优化城市布局，在遗产保护和城市发展之间找到了最佳平衡点，以及通过实施综合保护，保护修缮、恢复重建了180多处自然和人文景观，全面改善了遗产区的自然景观和原有生物种群、结构及其功能特征，使西湖的自然人文生态得到了更好保护和修复。

2. 综合保护护航

杭州围绕“保护西湖、申报世遗”目标，从2002年开始了连续10年的西湖综合保护工程。通过综合保护工程的实施，贯通了环西湖沿线，且环湖公园景点和博物馆全部免费开放，实现了“还湖于民”；同时引进钱塘江水，实现了西湖水“一月一换”，使西湖水质得到了全面改善；新增景区公共绿地100多万平方米，使原有的生物种群、结构及其功能特征得到保护，修复了西湖的自然生态；同时保护修缮、恢复重建了180多处自然和人文景观，恢复西湖水面0.9平方公里。由此，“三面云山一面城”的城湖空间格局得以保护，“一湖两塔三岛三堤”的西湖全景重返人间，西湖由此更生态、更亲民、更有文化和品质。

3. 依法治理管理

围绕向世界遗产委员会和全社会作出的“还湖于民、保护第一、从严管理、传承文化、生态优先”的庄严承诺，杭州市把保护、宣传和发展西湖结合起来，大力开展西湖文化景观法律知识普及和政策宣传工作，推进西湖文化遗产依法保护管理。西湖风景名胜区管委会强化景区干部职工普法教育，提升依法行政(管理)能力，开展《杭州西湖文化景观保护管理办法》宣讲活动；编制分发《杭州西湖申报世界文化景观遗产保护法律法规汇编》，做到景区所有单位干部职工、社区居民人手一册，并把其列为干部教育培训必学内容；提高景区机关干部依法保护与管理西湖文化景观遗产的能力，促进西湖景区环境资源保护、管理和利用等依法有序进行。

经验借鉴

1. 原真性保护

原真性是文化遗产之魂，是《实施世界遗产公约操作指南》的核心内容之一，也是国际公认的文化遗产评估、保护和监控的基本因素。

随着中国越来越多地参与到国际文化遗产保护的合作与交流中，原真性概念及原则对促进中国文化遗产保护的理论和实践的发展有重要的意义。一方面，在中国文化遗产保护中贯彻原真性的原则，有助于提高对文化遗产价值的认识，改进保护的理论和实践；另一方面，中国也必须在符合国际保护理论精神的基础上，发展出符合中国国情和文化特征的保护理论和方法。

1000多年来，西湖一直保持着历史的原真性，其基本元素和符号既没有被湮灭，也没有被改变，始终具有鲜明的民族特征和时代特征。通过保护原有的山、水、城的总体格局，西湖的自然山水、城湖空间和景观格局、名胜景点及历史文化史迹、西湖特色植物等，对于中国传统的人文历史、审美情趣和哲学理念都给予了最原真的保持。又通过与西湖有直接关联的古典文学、绘画美学、民间文艺、民间传说和园林艺术等，使西湖的人文与美学精髓得到最大强化与普及，从而使西湖具有的诗情画意的艺术之美与天然合一的自然之美完美传承，使西湖个性魅力与普世价值得以弘扬。

清代木刻《西湖全图》

承担西湖文化景观申遗整治修复的中国建筑科学院建筑历史研究所，在

2008年制订西湖修复方案时，即遵循原真性保护原则：在坚持使每一处文化景观的历史空间格局更为清晰和不改变文物原状的前提下，在不影响其真实性、完整性的基础上，进行修复和保护。

2. 提升审美意境

西湖是中国儒家文化在山水美学领域中的典型和地理实体，它蕴含的美学与文化精神是中国园林与自然之美同人文历史、审美情感交流的最佳体现者。对于西湖文化景观的风貌修复、环境整治、遗址保护展示三大项内容，其保护修复的具体做法是：尽量尊重西湖历史发展各个阶段的文化积累，避免推倒重来式的大拆大改，只针对某些局部的、关键性的地段和部位作一些中小规模的整治，使之起到画龙点睛的作用，即保护修复着眼于景观面貌和审美意境的提升以及文化史迹内涵的发掘。通过做好西湖天际线的保护与修复，完善湖东岸城市景观设计，恢复湖的东西两岸的城市轮廓与天际线，使湖景入城，恢复传统西湖景观的湖城合璧、天人合一的有机生命体，也使西湖成为人与自然为善、人与自身为善的产物。

可持续发展原则：丽江古城

遗产信息

- 中文名称：丽江古城
- 英文名称：Old Town of Lijiang
- 遗产地址：中国云南省丽江市
- 遗产类型：文化遗产
- 批准时间：1997 年
- 评定标准：文化遗产标准 C(II)(IV)(V)

▶ 遗产评价：古城丽江，把经济和战略重地与崎岖的地势巧妙地融合在一起，真实、完美地保存和再现了古朴的风貌。古城的建筑历经数个世纪的洗礼，融汇了各个民族的文化特色而声名远扬。丽江还拥有古老的供水系统，这一系统纵横交错、精巧独特，至今仍在有效地发挥着作用。

遗产特色

丽江古城位于中国西南部云南省的丽江市丽江坝中部，又名大研镇，是中国历史文化名城中两个没有城墙的古城之一，传说是因古代丽江世袭统治者姓木，筑城就会如木字加框而成“困”字。丽江古城在纳西语中称“巩本知”，“巩本”即仓廪，“知”为集市，可见其古代应是仓廪集散之地。古城始建于宋末元初(13世纪后期)，面积3.8平方公里。现有居民6200多户，共25000余人。其中主要为纳西族，有30%的居民仍从事铜银器制作、皮毛皮革、纺织、酿造业等传统的手工业和商业活动。

丽江古城古朴自然，既有水乡之容，又有山城之貌，作为一个历史悠久的少数民族城市，其城市的总体布局和建筑、工程等融合了汉、白、彝、藏等各民族的精华。

纳西东巴象形文字

丽江古城中没有规矩的道路网和森严的城墙，古城布局三山为屏、一川相连；水系利用三河穿城而过，使得城中居民家家流水；街道布局呈“经络”设置，有“曲、幽、窄、达”的风格；建筑物依山傍水、错落有致，形成了以四方街为城市中心，以新华街、五一街、七一街、黄山路等四条街道为主要道路骨架的自由放射状系统。桥是联络贯通丽江古城水系和街道系统的主要交通设施。在玉河水网上，共修建桥梁354座，平均密度为每平方公里93座。桥梁的形制丰富多样，较著名的有锁翠桥、大石桥、万千桥、南门桥、马鞍桥、仁寿桥等，基本上建于公元14—19世纪的明清时期。其中以位于四方街以东100米的大石桥最具特色。桥是丽江古城的集市地和公共交流的重要场所，具有非常丰富的文化内涵。

遗产保护

1986年12月8日，丽江古城被国务院批准为第二批国家历史文化名城。

1994年3月26日，丽江纳西族自治县第十一届人民代表大会第二次会议通过、1994年6月2日云南省第八届人民代表大会常务委员会第七次会议批准，制定出台并实施了《云南省丽江历史文化名城保护管理条例》。

1994 年 10 月 21—24 日，在滇西北旅游规划会上，云南省政府决定把丽江古城申报世界文化遗产提到议事日程。

1995 年 4 月 7 日，国家文物局郭旃等人到丽江，对古城进行考察后认为，丽江古城有申报世界文化遗产的条件，应尽快进行申报的各项准备工作。

1995 年 5 月，丽江县委、县政府责成县城建局、文化局起草丽江古城的汇报材料，拍摄古城录像片。

1995 年 6 月 15 日，原建设部、教科文组织中国委员会、国家文物局在北京召开专家评审、论证会，一致同意将丽江古城及平遥古城、苏州古典园林列入推荐申报的预备名单。

1995 年 12 月，丽江县政府办公室发出通知，成立丽江古城申报世界文化遗产工作组。

1996 年 2 月 16 日，世界遗产中心官员梁敏子对丽江古城进行考察。

1996 年 2 月 28 日起，受云南省建设厅委托，省城乡规划院工作组抵达丽江开始组织编制《丽江古城中心地段震后恢复重建详细规划》。

1996 年 4 月 20 日，申报组完成了近 20 万字的申报文本初稿的撰写以及电视片《中国丽江古城》和 500 多张照片的拍摄，并委托云南工业大学部分师生测绘了古城街道、水系、桥梁、重要民居图纸 120 多张。

1996 年 6 月 6—10 日，建设部专家组到丽江古城考察并听取规划方案汇报后，规划得以通过，成为指导古城修复的蓝图。

1996 年 6 月 10—13 日，联合国教科文组织文化官员木考拉先生、教育官员尼西海女士到丽江古城考察。

1996 年 6 月中旬，丽江古城申报世界文化遗产的申报文本报送至原国家建设部，申报文件于 6 月 26 日上报联合国教科文组织世界遗产委员会，世界遗产委员会正式将丽江古城列入“世界遗产清单”预备清单，编号为 C－311。

1997 年 3 月 11 日，当地政府发出了《关于公布丽江古城第一批重点保护民居和一般保护民居的通知》的公文。

1997 年 12 月 3 日，当地时间下午 19 时(北京时间 12 月 4 日凌晨 2 时)，世界遗产委员会第 21 次全体会议正式批准丽江古城列入《世界遗产名录》。

蓝月谷

保护模式

“丽江模式”的全称是“联合国教科文组织亚太地区可持续性文化旅游发展丽江合作模式”，已被制定为文件，成为联合国教科文组织指导亚太地区文化遗产保护工作的实施纲要。“丽江模式”是综合了八个示范点四年来理论研究和实际操作中的成功经验而获得的。

1. 文化遗产资源保护的财政管理模式

其核心内容是遗产地所在市一级政府如何筹集遗产保护资金以及如何管理、分配和使用这笔资金。中国丽江古城采取对留宿的游客一次性征收古城保护费的方法来筹措遗产保护资金。

2. 旅游业对文化遗产保护的兼容和投资模式

其核心内容是旅游业的收益返还到文化遗产保护及相关的基础设施建设上，从而使文化遗产得以可持续发展。在该模式中，惠安古城的门票收入主要用于社区居民，帮助古城居民维修房屋；巴克塔普尔古城的门票收入和丽江的“古城维护费”则主要投入到古城公共基础设施的维修、养护、改造之中，也有少部分用于社区居民，以达到缓解古城保护压力、改善古城环境质量的目的。

3. 对社会团体进行教育和技能培训的模式

其核心内容是对当地居民、游客和旅游从业者进行宣传、教育和培训，使他们在充分认识遗产的价值的基础上自觉地保护遗产。在该模式中除了较为普遍的培养、演讲、展览、竞赛、建立网站等方式外，管理部门还以各种方式办起了东巴文化、纳西古乐传习班。

4. 遗产管理者之间的矛盾解决模式

其核心内容是与遗产相关的利益各方加强交流、沟通和合作，消除分歧，达成共识。首先是建立一个能协调、沟通利益各方的关系，主管遗产可持续发展的权威部门，同时设置利益各方可以平等参与、各抒己见的论坛，让利益各方都能参与到遗产保护之中来，并对各方收益进行调节，统一纳入到政府的调控之中，建立“双赢或多赢”的机制。

经验借鉴

1. 申报保护，保存遗产的真实性和完整性

丽江古城通过申报世界遗产，自觉接受国际规则的制约，梳理、完善、健全和提升了古城形象，保持了古城的真实性和完整性。通过申报保护，丽江古城从城镇的整体布局到民居的形式，从建筑材料、工艺装饰到施工工艺、环境等方面，均完好地保存了古代风貌，道路和水系均维持原状，五花石路面、石拱桥、木板桥、四方街商贸广场也得到原真保留。民居则采用传统工艺和材料进行修复和建造。

2. 以人为本，提升当地居民对申遗的认同度

丽江古城通过申遗提高了当地的知名度，从而带动当地的旅游行业来促进经济的发展，提升人民生活水平，同时也提高了当地人民对保护文化遗产的认同度。人们开始自觉保护文化遗产。

3. 遗产保护与旅游经济的协调发展

“丽江模式”一方面切实履行保护、管理世界遗产的职责，另一方面利用世界遗产的珍贵资源，力求达到遗产保护与合理利用两者的平衡，以遗产资源的独特性、唯一性和体验性所蕴含的品牌价值形成旅游产品，极大推动当地旅游经济的发展，又以旅游经济的收益反哺遗产保护，从而真正实现了遗产保护与旅游经济的协调发展。“保护老城、另辟新城、政府管理、民众参与”的“丽江模式”为我国合理开发利用文物，促进历史文化资源向特色文物旅游经济资本转化提供了有益的借鉴。

教育保护原则：曲阜孔庙、孔林和孔府

遗产信息

▶ 中文名称：曲阜孔庙、孔林和孔府

▶ 英文名称：Temple and Cemetery of Confucius and the Kong Family Mansion in Qufu

▶ 遗产地址：中国山东省曲阜市

▶ 遗产类型：文化遗产

▶ 批准时间：1994 年

▶ 评定标准：文化遗产标准 C(I)(IV)(VI)

▶ 遗产评价：孔子是公元前 6 至 5 世纪最伟大的哲学家、政治家和教育家。孔子的庙宇、墓地和府邸位于山东省的曲阜。孔庙是公元前 478 年为纪

念孔子而兴建的，千百年来屡毁屡建，到今天已经发展成超过 100 座殿堂的建筑群。孔林里不仅容纳了孔子的坟墓，而且他的后裔中，有超过 10 万人也葬在这里。当初小小的孔宅如今已经扩建成一个庞大显赫的府邸，整个宅院包括了 152 座殿堂。曲阜的古建筑群之所以具有独特的艺术和历史特色，应归功于 2000 多年来中国历代帝王对孔子的大力推崇。

遗产特色

孔庙、孔林、孔府合称“三孔”，位于山东省的曲阜市，包括孔子及其后裔的宗庙、墓地和宅邸在内，总占地面积约 3500 余亩，是一处拥有近千间建筑的庞大历史文化建筑群。

孔庙在曲阜市区，是奉祀孔子的庙宇，也是世界各地 2000 多座孔庙的范本。据称孔庙始建于公元前 478 年，仅“庙屋三间”，经过后代不断兴建，最终发展成为拥有 100 余座各种建筑，466 间房屋，占地面积约 9.5 万平方米的庞大建筑群。孔庙是中国现存规模仅次于故宫的古建筑群，堪称中国古代大型祠庙建筑的典范。

孔庙大成殿

孔庙共有前后九进院落，主要建筑有碑亭、奎文阁、杏坛、德祥天地坊、大成殿、寝殿等，建筑按照中轴线布局，左右对称，布局严谨。孔庙前是神道，两侧植有桧柏，显得庄严肃穆。前三进是导引性的庭院，每重庭院入口都有门坊，门坊上高揭赞颂孔子的功绩额匾。院内遍植成行的桧柏，形成幽深宁静的氛围，使人不禁油然而生敬意，而高耸挺拔的苍桧古柏间辟出一条幽深的甬道烘托出孔子思想的深邃无涯。从第四进以后，庭院的建筑变得雄伟而壮丽，交相辉映的黄瓦、红墙、绿树，喻示孔子思想的博大高深和丰功伟绩。东西长166米的两庑中供奉着众多儒家贤达，喻示了儒家思想的源远流长。

孔庙建筑是中国古代建筑艺术和碑刻艺术的宝库。如始建于金代的碑亭，其大木做法为后人留存了宋式的特点，而正殿庭采用廊庑围绕的组合方式则是宋金时期常用的封闭式祠庙形制少见的遗例。大成殿、寝殿、奎文阁、杏坛、大成门等建筑采用木石混合结构，在中国古代建筑上也是比较少见的形式。这里保存有自汉代以来历代的碑刻1044块，有历代皇帝追谥、加封、祭祀孔子和修建孔庙的记录，也有帝王将相、文人学士谒庙的诗文题记，书体有真、草、隶、篆等，是研究封建社会政治、经济、文化、艺术的珍贵史料。孔庙中还有著名的石刻艺术品，有汉画像石、明清雕镌石柱和明刻圣迹图等。其中汉画像石有90余块，题材丰富，既有人们社会生活的记录，也有历史故事、神话传说的反映。雕刻技法多样，有线刻、有浮雕，线刻有减地，有剔地，有素地，有线地；浮雕有深有浅，有光面，有糙面。风格或严谨精细，或豪放粗犷，线条流畅，造型优美。

孔庙碑林

孔林，又称“至圣林”，位于曲阜城北1公里，是孔子及其后裔的家族墓地，共计有孔氏子孙墓十余万座。孔林占地约2平方公里，门前是长达1266米平直如砥的神道，两侧植桧柏，与北城门相连。孔林中遗有60余座明清时的门、坊、享殿、碑亭等建筑，是历代为表彰儒家思想、满足祭祀需要而建的。除移入孔庙的汉碑外，孔林中还遗存有 4000 余块自宋至民国历代墓碑和谒陵题记刻石等，以及近千件各代墓葬石仪。孔林丰富的地上文物，对于研究我国墓葬制度的沿革，对于研究我国古代政治、经济、文化、风俗、书法、艺术等都具有很高的价值。而孔林作为一个家族墓地，从周至今，前后沿用了约 2500 年，从未间断。其延续时间之久，墓葬数量之多，保存之完好，是世界上绝无仅有的，也充分体现了儒家思想在中国古代社会的统治地位。

孔林

孔林牌坊

孔府，又称“衍圣公府”，位于孔庙东侧，是孔子嫡长孙居住的府第，占地约 4.9 万平方米，有各类楼房厅堂共 480 余间。孔府始建于宋金时期，明洪武十年(1377 年)移建于今址。孔府沿用传统的前堂后寝制度，建筑功能分区明确、排列井然有序。庭院分东、中、西三路，东路为家庙，西路为客厅院，中路为主体建筑。其前院为官衙，后院为住宅。前堂部分有官衙、东学、西学，用于处

孔府鸟瞰

理公务和会客，是对外活动的场所；后寝部分是家族生活的场所，有内宅、花

厅、一贯堂等。孔府建筑深受儒家礼仪的影响，印有儒家宗法制度与伦理观念的烙印。建筑群设计遵循礼教与宗法原则，将一些建筑物按使用功能的不同分为主次，并有次序地进行排列。建筑群以中轴线左右对称，成三路布局，中路为孔氏宗子衍圣公所居，而东西两路为次子所居，体现宗子与非宗子之间的尊卑差别。建筑物的名字也同样如此，如“一贯堂”“忠恕堂”“安怀堂”等既缅怀孔子的学说思想，又显示子孙努力仿效的决心，而“东学”“西学”既赞扬孔子创学设教的功绩，又表明子孙继承诗礼传家、好学重教传统的态度。府内所藏历史文物也十分丰富。

孔府、孔庙、孔林，是中国历代纪念孔子、推崇儒学的表征，也凝聚了中国历代建筑的精华，极具建筑艺术之美。其建筑的布局、规划和装饰等方面深刻反映了儒家思想的精髓，它们以丰厚的文化积淀、悠久历史、宏大规模、丰富文物珍藏以及科学艺术价值而名闻天下。

遗产保护

自汉代以降，中国历代封建王朝都将儒家思想作为正统思想，将孔子奉为至圣先师，因而历代对孔庙、孔府、孔林的修缮保护均极为重视，历史上屡次被大规模重修和扩建，形制日益完善，其规模因此逐渐扩大到今日的样子。

新中国成立不久即成立了专门的机构和陈列室以便于对相关文物的保护和研究。在国家经费十分紧张的情况下，年年拨款维修，并于 1957 年完成了对曲阜衍圣公府的初步调查工作，写成调查报告。

1961 年，“三孔”以其体制完备、布局严整、保存完好且在中国古代祠庙、陵墓、官府建筑上具有特殊地位而被公布为全国首批重点文物保护单位之一。

1978 年，曲阜市对“三孔”古建筑进行初步整修，初步恢复“三孔”的历史原貌。

1982 年，曲阜市作为孔子及其家族重要历史文化遗存的所在地，被国务院公布为首批 24 个历史文化名城之一。

1983 年，曲阜市投资 100 多万，对大成殿内的孔子塑像、神龛、飞龙盘柱、供桌、楹联、神椅、十二哲等进行了全面复原。

1983—1984 年，在国家有关古建筑专家的指导下，对奎文阁进行了详细的测绘，制定了修缮方案，维修工作于 1985 年元月施工至 1987 年 6 月竣工，同时加强了内部管理，制定了详细的规章制度。

1991—1992 年间，曲阜市迁出了遗产区内的 10 多家单位和 200 多户居民，拆除了非文物建筑3万多平方米，重建了孔府西仓、孔府神龛等部分被毁建筑，重修了孔庙，重建了孔府北大墙和东大墙，基本恢复了遗产区的历史原貌。

1994年，"三孔"及其周边的各级文物保护单位被划定为保护地带；12月"三孔"被联合国教科文组织列入世界文化遗产名录。

1995年，曲阜市为保护好"三孔"，颁布了《曲阜市文物保护管理办法》，起草了《"三孔"世界遗产保护管理办法》，"三孔"世界遗产保护走向法制化、制度化的管理轨道。是年，为了更好地保护、利用孔庙的文化资源、文化传统，促进各地孔庙之间的文化交流，成立了中国孔庙保护协会，曲阜孔庙为会长单位。这一平台与全国各地孔庙一起在文化交流与遗产保护方面发挥了重要作用。

2001年，设置世界遗产监测办公室，加强对"三孔"的日常性监测。成立曲阜市文物稽查大队，将所有露天经营户全部清理出"三孔"景区，做到了有法必依、执法必严、违法必究。"三孔"周边环境得到了有效改善，世界文化遗产的历史真实性和完整性得到了有效保证。

2005年10月30日，关于中国文物古建筑保护维修理论与实践的《曲阜宣言》确立。

2006年12月—2008年8月，原曲阜市文物管理局委托山东省文物科技保护中心对孔府西路建筑进行了现场勘察测绘，根据其残损现状编制了《曲阜孔府西路建筑修缮保护方案》，国家文物局于2009年2月批准了这一方案。

2007年，为更好地保护国家遗产地"三孔"，曲阜市抓住"十一五"时期国家支持国家遗产地进行保护性基础设施建设的有利时机，认真做好项目立项申请及相关工作，并积极向上级申报争取。

2009年8月，曲阜市孔庙及孔府和孔林保护项目被正式列入2009年第四批扩大内需中央预算内投资计划，项目计划投资2596万元，其中中央预算内投资780万元，地方配套投资1816万元。根据规划，"三孔"遗产地保护项目将主要进行保护管理基础设施建设、环境整治和展览及信息咨询服务设施建设。其中，基础设施方面将对"三孔"看护管理用房进行改扩建，并对部分供排水管线、供电线路、厕所等进行改造和新建；环境整治方面改造1.4万平方米道路，整治4400米河道、绿化美化近2万平方米景区，保护1.7万株古树，整修8500米围墙。另外，"三孔"景区还将新上一批景区导引设施和信息咨询系统。

孔子墓

保护模式

1. 对“历史中心区”的宏观保护

“三孔”地处曲阜明代故城内，而明故城又处于鲁国故城内，“三孔”应该说是处于整个曲阜城的中心区域。对于“三孔”的保护，曲阜市文物管理委员会首先着重从大曲阜鲁国故城的保护入手。曲阜鲁国故城是1961年由国务院公布的全国重点文物保护单位，占地约10平方公里，地上保存着蜿蜒起伏的城墙，地下保存着丰富的文化遗迹，是我国著名的先秦古城之一。对以“三孔”为“历史中心区”的宏观保护，保持了鲁故城的原有格局和原真风貌。区内所有建筑物的外部结构管理权属于国家。房产开发商、居民和商店经营者，只能拥有房屋的所有权和内部的使用权，而不拥有对建筑物整体改造的权利。对房屋外部结构做任何性质的维修，必须按国家相关法律和获得批准的方案进行，不能自作主张。超过100年以上的建筑物，其内部装修改造亦需经过政府批准。“历史中心区”内一切具有考古价值的历史遗存物——房基、残墙、断柱、洞穴、树木等，必须原地保存，未经政府文物保护部门的批准，禁止任何形式的拆除、移动、修改或修复。在历史建筑物的再利用上，以不影响其原有风貌为前提。

2. 挖掘遗产的教育功能

曲阜“三孔”遗产的管理和保护者，遵循教育保护的原则，积极挖掘遗产的教育潜能，使其充分发挥在儒家文化传统传承和社会思想教育、青少年成人教育方面的积极作用。主要利用泮池杏坛、四氏学旧址、考棚等作为传统文化教育的载体，发展文化修学与旅游产业，发扬孔庙的传统文化教育功能与价值。孔庙修学突出三个层次，“修”为最高层次，“学艺”是第二层次，“习记”是第三层次。通过文化修学，让人们感受儒家思想的博大精深和孔子一生高尚的人格品德。

祭孔，是华夏民族为了尊崇与怀念至圣先师孔子，在孔(文)庙举行的隆重祀典，2000 多年来从未间断，成为世界祭祀史、人类文化史上的一个奇迹。曲阜孔庙每年一度举行的祭孔庆典，既是对孔子诞辰的祭奠，也是对儒家思想传统的回顾与认同。通过举办各种文化展示和传统活动，使其成为向全社会进行中华优秀传统文化教育的重要基地，发挥其儒家教育研究中心的作用。现在山东曲阜每年在孔子诞辰时举行祭孔大典，成为集乐、歌、舞、礼为一体的综合性艺术表演形式和重要节庆活动，发挥了重要的教育功能。

在孔庙行冠笄之礼是中华民族传统的成人礼仪，先民为跨入成年的青年男女举行的这一仪式，是提示行冠礼者将从毫无责任的“孺子”成为正式跨入社会的成年人，担当起家庭和社会的责任。在孔子故乡曲阜举行成人礼仪式，对继承优秀文化遗产、弘扬民族精神、激励青年人成长具有巨大的现实意义。

自 2009 年开始，利用传统文化资源，山东省旅游局携手《中国青年报》、中国旅行社共同发起了“感恩自强，快乐成长”中华成人之旅修学活动，在曲阜孔庙举行成人礼仪式，修习中国传统礼仪，提升精神素养。目前曲阜已先后迎来了日、韩、美、英等国大中学生的大型成人礼专修团队。修学活动除针对学生的“成人礼”仪式外，还有祭孔大典、开笔礼、尼山恭请圣土圣水仪式和六艺、民俗等体验，游客们通过亲身参与这些寓教于乐、寓教于游的体验活动，能更加深刻地体会到儒家文化的博大精深。这一活动深受以儒文化圈为主的各国青少年的青睐，已成为一项成熟的、有特色的、传承中华礼仪文化、激发青年家国观念和自我担当意识的高端文化旅游产品。

曲阜孔庙的学生成人礼

经验借鉴

曲阜“三孔”文化遗产的保护和功能开发，实现了遗产保护和利用的协调发展。而对“三孔”深厚教育内涵和功能的挖掘，以教育保护来促进“三孔”世界文化遗产的保护的这种模式，是一个更值得关注和借鉴的成功经验。

“三孔”，尤其是孔庙，在各地为文庙，是供奉和祭祀中国最伟大的思想家、教育家孔子的地方。这一专门用于供奉和祭孔子的标志性建筑，蕴含着丰富的文化和教育内涵。它既是传授儒家经典和宣传教化思想的文教圣地，也是社会思想和人文意识疏导、引领的主要阵地。中国历代教育史上，名家大儒贤士往往都被请进各地的文庙加以祭拜褒扬，也证明了孔庙或文庙在中国传统文化的传承和教育发展中的重要价值。因而，孔子第 75 代嫡孙、曲阜孔子研究院的副院长孔祥林认为，孔庙在古代具有巨大的社会功能，今天依然可以发挥道德教育的社会功能。可以作为弘扬传统思想文化的一个象征。同时，孔庙还有一个进行伦理道德教育的功能。历代皇帝之所以把文庙作为崇尚传统思想文化的标志，就是要让臣民传承圣人的思想，报效国家。古代的成人成才的教育，就是进行圣贤的教育。今天孔庙依然可以发挥道德教育的社会功能。孟子说“人人皆尧舜”。宋代以后，儒家认为人人都可以成为圣人，去孔庙参观也是一个追慕圣贤、净化身心的过程。因而到“三孔”文化遗址进行文化修学与旅游，通过体验性的过程，参与者了解中国传统文化的博大精深，加深对中国传统文化的理解，更使人在参与性的过程中以“修学”的方式获得一种文化精神的升华和对人性、人生的感悟，从而运用到现实生活中去，发挥传统文化的真正作用。

活态保护原则：昆曲

遗产信息

- 中文名称：昆曲
- 英文名称：kunqu opera
- 遗产地址：中国江苏省苏州市
- 遗产类型：非物质文化遗产
- 批准时间：2001 年
- 评定标准：《人类口述和非物质遗产代表作条例》
- 遗产评价：发源于中国江苏昆山，至今已有 600 多年历史的昆曲被称为“百戏之祖，百戏之师”，对中国近代的所有戏剧剧种如川剧、京剧都有着巨大的影响。昆腔及其戏剧结构(旦、丑、生等角色)亦被其他剧种所借鉴。昆曲的唱腔有很强的艺术性，舞蹈动作有丰富的表现力。

遗产特色

昆曲是中国古老的戏曲声腔和剧种。原名“昆山腔”或“昆腔”，清代以来被称为“昆曲”，现被称为“昆剧”。昆曲是我国传统戏剧中最古老的剧种之一，是我国戏曲艺术中的奇葩。昆曲的伴奏以曲笛为主，辅以笙、箫、唢呐、三弦、琵琶等。其最大的特点是抒情性强、动作细腻，歌唱与舞蹈的身段结合得天衣无缝。

昆曲起源于元朝末年昆山地区，至今已有600多年历史。元末顾坚等人把流行于昆山一带的南曲的原有腔调加以整理和改进，称其为“昆山腔”，此为昆曲雏形。嘉靖年间，魏良辅在张野塘、谢林泉等民间艺术家的帮助下，建立了委婉细腻、流利悠远的“水磨调”昆腔歌唱体系。后昆山人梁辰鱼等人改革创作上演传奇《浣纱记》，因而声名大振，一时文人学士争用昆腔新声创作传奇，与海盐腔、余姚腔、弋阳腔一起成为明代四大声腔。至万历末，更是一跃而为诸腔之首。昆腔传入北京后，迅速取代了北曲的地位，受到了士大夫和群众的欢迎，并逐渐发展成为全国性的剧种，当时人们称其为官腔。

从明天启至清康熙末年，是昆曲发展的鼎盛期，新作不断涌出，表演日趋

昆曲《十五贯》剧照

成熟，身段表情、说白念唱、服装穿戴也日益讲究，角色齐全，分工细致，一般剧种，难与抗衡。乾隆三十五年（1770年）由玩花主人编选的折子戏总集《缀白裘》的问世，标志着昆曲由演出全本传奇到演出折子戏的过渡。折子戏以情节生动、表演细致的特点，给乾、嘉时期昆曲舞台带来了生动活泼的局面。后由于格律过分谨严，文辞古奥典雅，使昆曲脱离群众，步入困境，逐渐衰落。中华人民共和国建立后，在政府的扶植下，一出《十五贯》演出，轰动全国。至今昆曲清唱仍在海外华侨聚居区传唱。

昆曲行腔优美，以缠绵婉转、柔曼悠远见长。在演唱技巧上注重声音的控制，节奏速度的顿挫疾徐和咬字吐音的讲究。场面伴奏乐曲齐全，以声若游丝的笛为主奏乐器，使昆曲音乐以婉丽妩媚、一唱三叹著称。由于表演艺术的全面发展，角色行当自然越分越细，各行角色都在表演上形成自己一套完整的表演程式。这些程式化的动作语言，在刻画人物性格、表达心理情绪、渲染戏剧性和增强感染方面，形成了昆曲完整而独特的表演体系。

昆曲作为一个独立的剧种衰微已久，但京剧、越剧、川剧、湘剧、婺剧、祁剧、桂剧、柳子戏等都受其深刻影响，仍保留着昆曲的部分剧目、声腔和曲牌。至今浙江、上海、南京、北京还有独立的昆曲剧团继续演出。

遗产保护

1985年，文化部颁发了《关于保护和振兴昆剧的通知》。

1986年，文化部成立振兴昆剧指导委员会。

1987年，文化部再次发出《关于对昆剧艺术采取特殊保护政策的通知》。

2000年3月31日至4月6日，首届中国昆剧艺术节暨昆剧优秀古典名剧展演在昆曲的发祥地江苏省昆山市和苏州市举行，此次盛会展示了昆曲的魅力，有力地推动了昆曲艺术的保护、继承、创新和发展。此后，中国昆剧艺术节每三年举办一次。

2001年，江苏昆山昆曲和浙江永嘉昆曲一起联合申遗。

2001年5月18日，联合国教科文组织在巴黎宣布第一批“人类口头和非物质遗产代表作”名单，共有19个申报项目入选，昆曲成为19个“代表作”中4个被国际评审委员会一致通过的项目之一。此时，国内昆剧界仅有挣扎在生存边缘的800多位从业者。

2001年6月8日，文化部召开了保护和振兴昆曲艺术座谈会，共同就保护和振兴昆曲艺术进行商讨研究。

2001 年 12 月，文化部制订《保护和振兴昆曲艺术十年规划》。从抢救现有剧目和文献资料入手，对全国中老年艺术家的拿手剧目进行录音录像，对珍贵的昆曲文献、演出脚本、曲谱和图片进行搜集整理。计划 10 年间在北京和上海建立两个昆曲演员培训中心，为全国昆剧院团输送表演人才。

2002 年，南京大学中文系教授吴新雷主编的《中国昆剧大辞典》问世，成为中国昆曲研究的里程碑。

2003 年，白先勇请昆曲名家汪世瑜和张继青驻扎苏州一年，手把手地把压箱底宝贝传授给沈丰英(扮杜丽娘)与俞玖林(扮柳梦梅)。

2004 年，党中央、国务院领导就昆曲艺术作出“抢救、保护和扶持”的重要批示。

2004 年 4 月，苏州昆剧院青春版《牡丹亭》开始在中国及世界各地巡演。其中，在中国台湾地区和中国香港地区的公演引起轰动。同年 6 月，在苏州大学存菊堂连演三场，场场爆满。

从 2005 年起，文化部、财政部共同实施“国家昆曲艺术抢救、保护和扶持工程”，每年投入 1000 万元专项资金，作为抢救、保护昆曲和扶持昆曲艺术的专项资金。

2006 年 5 月 20 日，昆曲经国务院批准列入《第一批国家级非物质文化遗产名录》，列居传统戏剧类榜首。中国首部保护昆曲的地方性法规《苏州市昆曲保护条例》于 2006 年在昆曲的故乡苏州正式实施。

2009 年 12 月，白先勇主持的昆曲新版《玉簪记》作为“北京国际戏剧舞蹈演出季”的压轴剧目在北京大学百年纪念讲堂首演。由北京大学文化产业研究院和白先勇共同发起的“北京大学白先勇昆曲传承计划”同时正式启动，“经典昆曲欣赏”成为北京大学本科生的公选课，受到热捧。

苏州昆剧院青春版《牡丹亭》剧照

保护模式

“活态保护”就是要让此种文化成为特定民族特定地区大众生活的一部分。“活态文化”就是在鲜活的自然生存链条中，人们自觉地把既传统又富含发展因子的无形的、非物质的文化事项，用有形的或无形的、物质的或非物质的方式加以传承并发扬光大，使其永葆生命活力的一种文化存在的状态或者形式。“活态保护”主要指针对非物质文化遗产活态流变性特点，用可持续性发展的眼光来看待非物质文化遗产的保护。注重以人为本，加强对传承人的保护，注重文化空间的保护。

1. 大力培养出类拔萃的传人

非物质文化遗产是在人类生产中习得的，是一种活态文化。能否始终处于活态状况就取决于如何保护与传承，而其核心就是传承，首要任务就是保护传人。现在国内很多专业剧团和戏曲院校都招收年轻的昆曲学员，从娃娃和年轻人抓起，下大力气培养昆曲传承人才。

2. 增强参与性，扩大体验空间

将昆曲与旅游活动相结合，让民众参与到昆曲这种活态文化的保护中来。非物质文化遗产作为一种民间文化，它由民众创造、使用、传承，是民众的生活文化和活态文化，民间性这一最根本的特性决定其必然具有强烈的参与性和体验性。现在全国各地有很多专业和非专业的昆曲剧团把演出场地搬到广场和园林中来，增加与游客的互动。

湖南昆剧团《游园惊梦》剧照

3. 抢救、创新传统戏剧

在昆曲的艺术建设上，一方面要对优秀传统剧目进行抢救和继承，另一方面还要重视传统剧目的整理改编。目前，比较受欢迎的传统昆曲曲目有《十五贯》《游园惊梦》《牡丹亭》等。同时，还有许多昆曲剧团排演现代版传统剧目，为传统剧目注入新的活力。如苏州昆剧院就在台湾昆曲大师白先勇的指导下排演青春版《牡丹亭》，无论是在剧目的主题、唱腔与音乐设计中，还是在声腔、脸谱、音乐、舞蹈、造型、色彩的设计中，都给观众带来了丰富的审美愉悦。而在演员选取上，青春版着力培育青年演员，男女主演均 20 岁左右，女主演沈丰英端庄淡雅，有着绰约的古典美；男主演俞玖林俊朗洒脱，又淡含书卷气，两位主角的气质迎合了现代人的审美标准。

4. 培养民众的认同感和观众群

现在，很多昆曲剧团经常下乡、下社区或进高校演出，让高雅艺术接近百姓，培养新一代的观众群。如其中最出名的是苏州昆剧院与白先勇合力打造的青春版《牡丹亭》，2004 年 6 月在苏州大学存菊堂内的三场演出场场爆满，演出后观众掌声雷动，演员们几次谢幕，观众仍久久不愿离去，成为昆曲史上绝无仅有的景象。

昆曲《牡丹亭》剧照

经验借鉴

1. 专项立法

自申遗成功后，国家和江苏当地政府陆续出台了一系列昆曲保护法规。如文化部制订了《文化部国家昆曲艺术抢救、保护和扶持工程实施方案》；江苏省制订了《江苏省保护、继承和振兴昆曲艺术工程实施方案》；苏州市颁发了《苏州市保护、继承、弘扬昆曲遗产工作 10 年规划纲要》，成立了“苏州市保护昆曲遗产工作指导委员会”，修改了《苏州市昆曲遗产保护办法》等。

2. 加强学术研究

昆曲的学术研究对形成重视和保护昆曲的文化环境起到了重要作用。如海峡两岸的两部昆曲辞典、中国艺术研究院组织编写的昆曲研究丛书，以及其他学者研究昆曲的著作等。许多高等院校的在读硕士生、博士生也以昆曲作为学位论文的选题。此外，还有许多介绍昆曲的普及性读物，许多报刊组织了对昆曲艺术以及一些昆曲剧目的讨论。江苏省昆剧院编辑出版了专门的昆曲刊物《昆剧艺谭》。

3. 增加专业演出

苏州昆剧院拾起以前“星期专场”的传统，每周日下午邀来上海昆剧团的演员，合作演出三个折子。“入遗”后的十多年来，苏州昆剧院传承排演了《烂柯山》《长生殿》《牡丹亭》《玉簪记》和《西施》等十本大戏，折子戏也从 21 世纪初的数十出增加到 120 出。其中最出名的就是该院与白先勇合力打造的青春版《牡丹亭》。另外，江苏省苏州昆剧院、上海昆剧院、北方昆剧院、浙江省昆剧团、浙江永嘉昆曲团、湖南省昆剧院、江苏省演艺集团昆剧院这七大昆剧院团也都经常组织演出，对昆曲进行活态传承保护。

4. 在大学开设公选课程

台湾著名作家、昆曲大师白先勇在北京大学开设昆曲公选课，被称为“史上最火爆的公选课”。而他在苏州大学开设的昆曲选修课，全校更是有 1/3 的学生选修。

伦理保护原则：甘肃花儿

遗产信息

- 中文名称：甘肃花儿
- 英文名称：Flowers of Gansu
- 遗产地址：甘肃、青海、宁夏等中国西北地区
- 遗产类型：非物质文化遗产
- 批准时间：2009 年
- 评定标准：《人类口述和非物质遗产代表作条例》

▶ 遗产评价：花儿是流传在中国西北部甘、青、宁三省（区）的汉、回、藏、东乡、保安、撒拉、土、裕固、蒙古族等民族中共创共享的民歌。因歌词中把女

性比喻为花儿而得名。人们除了平常在田间劳动、山野放牧和旅途中即兴漫唱之外，每年还要在特定的时间和地点，自发举行规模盛大的民歌竞唱活动——“花儿会”，具有多民族文化交流与情感交融的特殊价值。

遗产特色

花儿又名少年，因其歌词中将青年女子比喻为花儿而得名。它是流行于甘、青、宁、新等地区的一种唱词浩繁的山歌，被称为西北之魂。

甘肃省临夏是花儿的发祥地和最主要的传唱地，它和岷县一起被中国民间文艺家协会授予“中国花儿之乡”称号。另甘肃康乐县、和政县被命名为中国花儿保护基地和传承基地，积石山保安族东乡族撒拉族自治县和永靖县则被联合国教科文组织确定为民歌考察采录地。

《赶花儿会》(韩复兰)

花儿音乐高亢、悠长、爽朗，极具民族风格和地方特色。花儿用比、兴、赋的艺术手法即兴演出，语言朴实、鲜明，比兴借喻优美，主要反映生活、爱情、时政、劳动等。至 20 世纪 80 年代，花儿的演唱形式已发展到花儿歌舞剧。

甘肃花儿是一种文化空间和民间口头传承，它体现的是民间大规模的歌唱传统和集体的口头传承。它和我国壮族的三月三“歌墟”、云南大理白族的石宝山歌会以及中国南方地区许多民族的民间歌节等一样，都是我国古老传统民间文化的遗存，极具文化史价值。

遗产保护

花儿产生于农田和山野，小孩子们在放牧期间跟随大人们学唱，掌握了花儿的曲调，然后慢慢可以自己即兴编词对唱或领唱，一些唱得好的人被称为“花儿把式”。但当今市场经济形势下，最有利于花儿成长的田园牧歌式的农村生活方式被打破，不少小伙子和姑娘纷纷离开家乡寻找赚钱的机会和新的生活梦想，因此现在真正热爱花儿并能为此付出努力的传唱把式已经很少。

现在岷县被省民协命名为“甘肃省花儿歌手”的花儿传承中坚力量约有41人，年龄在40岁左右。他们大多出生于20世纪60年代末到70年代初，由于家境贫困，没有机会接受良好的教育，是在长期的生产劳动中锻炼成长为“花儿”歌手。而现在的“80后”“90后”虽都能走进校园接受良好的教育，但他们也因此失去了在田间山野劳动中学习花儿的机会，同时校园文化和流行歌曲等新兴的娱乐活动也弱化了花儿对年轻一代的熏陶。

2006年，《中国非物质文化遗产保护名录》设立，甘肃花儿成为首批得到保护的项目。

2007年8月，文化部下发关于申报《人类非物质文化遗产代表作》预备名单项目的函，甘肃省把花儿作为预备项目报送到文化部，从此拉开了花儿申报联合国非物质文化遗产的序幕。

2009年9月28日至10月2日，在阿拉伯联合酋长国的阿布扎比举行的联合国教科文组织保护非物质文化遗产政府间委员会第四次会议上，审议批准了2009年《人类非物质文化遗产代表作名录》，包括花儿在内的中国政府申报的22个项目全部获得通过。

保护模式

1. 挖掘花儿的价值，扩大影响

国内学者专家们从新中国成立前开始，就搜集整理歌词、曲子，撰文评介，其中1940年张亚雄先生编写的《花儿集》的出版发行，对花儿走向全国起了很好的作用。新中国成立后，在党和政府的关怀下，学术界发表了大量介绍和研究花儿的文章，文艺界也出现了一批用花儿形式创作的文学作品和取材于花儿的音乐作品，使花儿登上了大雅之堂，进一步扩大了花儿在国内以及国际上的影响。

2. 节会式保护

每年在相对固定的农历时间进行的100多场花儿会，为众多花儿高手和普通老百姓愉悦身心提供了一个非常好的场所，也为花儿这种民间文化活动提供了一个活动的平台和展示的空间，使得花儿这种非物质文化遗产在民族传统节会中得到了“复活”。

3. 民歌文化之现代化

原生态花儿现阶段同样也面临着民歌文化现代化的转型。这一点，被人们赞誉尊称为新疆“花儿王”的韩生元老先生做出了榜样。韩老先生一生编唱了上千首花儿，他的演唱，既保留了河湟花儿的高亢严谨，又吸收了洮岷花儿的婉转悠扬，有些花儿中甚至还揉进了新疆小曲子的音调。他借鉴维吾尔音乐的快节奏，唱法中吸收哈萨克族民间阿肯弹唱的幽默，形成了演唱中少拖腔、曲调中少滑音，唱词和曲调铿锵有力、洒脱自如的独具新疆特色的原生态花儿。他在花儿演唱上的创新使花儿具有了可持续发展的活力。

4. 打造花儿特色品牌

每年各地花儿会，当地政府都会充分利用这一机会做好对花儿的宣传工作，同时他们发挥新闻广电和出版业优势，有计划地推出一大批介绍花儿的宣传品，旨在通过精神产品的传播，让世人进一步关注、了解和向往花儿。同时，他们还加强对花儿精彩唱段的包装，用市场的方式来推动和传播原生态民歌的发展。

当地政府强力打造花儿特色品牌，他们用花儿特色促进当地经济的发展，同时经济发展又可以反过来促进品牌的保护。如花儿主要传承地临夏就利用其花儿发源地的优势，推出临夏花儿民俗风情旅游产品，并将它作为一个产品品牌进行商标注册；他们请名人、专家帮助论证，写出较高档次、高品位的讲解语；全力打造一个集观光、休闲、度假、文化体验于一体的复合型旅游产品，努力提高临夏及临夏花儿的知名度和影响力。

经验借鉴

花儿的保护充分体现了在现代化环境下对伦理保护原则的尊重。

1. 尊重遗产的固有价值

花儿作为民歌，即是文学，因此它不仅有音乐价值、文学价值，还有更为广阔的艺术价值、历史价值、学术价值和审美价值。它与西北各族人民的物质文化和精神文化紧密关联，生动地反映了这些民族的民俗、审美观、价值观、世界观和人生观，表现了真、善、美的统一和高原人的人性美，创造了独特的美的意境。因此，研究其与民族的关系，能促进其向学科化、体系化发展，也能有效地促使民族认识自己，向前发展，同时也是研究当代民歌社会意义和创作趋向最为重要的第一手资料，可以从中解析出社会变迁的刻痕和民众思想发展的轨迹。

2. 增强对花儿音乐文化的认同感和对传承人的人文关怀

花儿是活化石，其生存方式主要是继承，要把立足点移向群众，增强全民对花儿音乐文化的认同感。当地政府积极利用传媒工具加大对非遗的宣传力度，营造了一个珍视民族文化遗产的氛围。同时，声响艺术作为一种活态文化遗产，拯救声音绝不是简单地把录音录像放在博物馆里，像标本那样保护，而是要保存其固有的生命活力，通过保护促进传承。当地政府采用扶持机制，给优秀歌手相应补贴，使他们集中精力进行研究和做好传承人，体现了人文关怀。

3. 从田野、山林走向舞台、城市

具有原创性特征的花儿是多民族智慧的创造，是劳动者社会生活和日常生活的真实反映，是他们丰富情感的真实写照。花儿来自田野，来自山林，但要更好地传承，就不能仅局限于当地，必须让其走向舞台，走向城市，让更多的人能够认识花儿，了解花儿。许多传承地政府结合旅游资源，通过艺术化的手段，将民俗生活中的花儿展示出来，并将花儿进行“异地移植”，使花儿被更多的人们了解、传唱和欣赏。

组 织 篇

建立由联合国教科文组织指导下，中央政府、地方政府、社团组织、科研机构、教育机构等共同参与、彼此协作的科学而完善的组织管理体系，有效调动社会各个方面的积极性，是文化遗产保护先进国的共同经验。

文化遗产是国家财富，保护文化遗产是国家的责任，因此，无论是单一管理模式还是多头管理模式，文化遗产保护的最高权力机构都隶属中央。

各级地方政府特别是政府中的教育委员会有义务保护和管理自己辖区内的文化遗产，为本地文化遗产的保护与活用制订长期规划，为当地的文化遗产提供财政支持，并为上级机构提供对策咨询。

在法国、英国、意大利等西方国家，文化遗产保护工作通常都是以委托民间社团组织托管的方式进行。这些社团组织的数目和会员数相当惊人，从而使文化遗产保护真正成为全体国民的事业。

科研院所、大专院校参与文化遗产的调查、研究、保护、管理、修复、鉴定、教学、开发、人才培养等方面的工作，弥补了政府行政部门缺乏专业性知识的缺陷，保证了政府在保护工作中不出现重大失误，更为文化遗产保护的队伍建设提供了保障。

联合国教科文组织的职能：巴米扬山谷文化景观和考古遗址

遗产信息

- 中文名称：巴米扬山谷文化景观和考古遗址
- 英文名称：Cultural Landscape and Archaeological Remains of the Bamiyan Valley
- 遗产地址：阿富汗中部巴米扬城北兴都库什山区
- 遗产类型：文化遗产
- 批准时间：2003 年
- 评定标准：文化遗产标准 C(I)(II)(III)(IV)(VI)

▶ 遗产评价：巴米扬山谷的文化景观和考古遗址向世人展示了从公元1世纪至13世纪期间以古代巴克特里亚文化为特征的艺术和宗教发展。正是在这一发展过程中，佛教艺术的干达拉流派兼收并蓄了各种文化影响。这一地区汇集了大量的佛教寺院、庙宇，以及伊斯兰教时期的防御建筑。

遗产特色

巴米扬位于阿富汗喀布尔西北135公里的巴米扬河谷，是阿富汗著名的历史和文化重镇。它既是古代丝绸之路上连接印度、西亚与中亚的交通要道上的重要隘口，东西方文化的交汇点，也是古代南下北上商旅的必经之地和佛教徒的朝拜之地，曾盛极一时。中国古代高僧法显和玄奘都曾先后在公元4世纪和7世纪时在此逗留，他们在《佛国记》和《大唐西域记》中对巴米扬都有过生动描述。

巴米扬河谷的北面是兴都库什山的支脉代瓦杰山，向南是巴巴山脉，巴米扬河从两山间流过，巴米扬石窟就开凿在代瓦杰山南面的断崖上。巴米扬东北郊的山崖上遍布大小石窟6000余座，长达1.3公里，大致分布在东部贾拉拉巴德地区、中部巴米扬地区和北部海巴克地区。窟内雕画着数以万计的佛像和彩色壁画、图案，造型生动，遗憾的是现今很多壁画已残破剥落。这片保护区汇集了大量佛教寺院、庙宇，也保存有伊斯兰教时期的防御建筑。自公元7世纪以来，受自然风化与宗教信仰变迁不断影响，现今大部分石窟仅存遗址，残损情况十分严重。但作为人类历史变迁的物证，这些遗址仍有很高的价值。

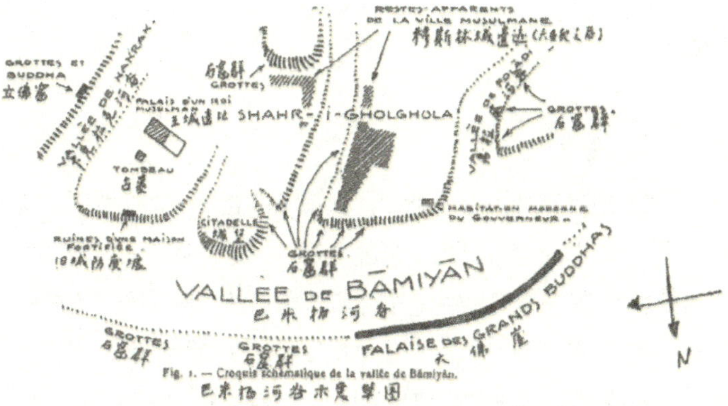

1923年法国考古学家葛达尔绘制的巴米扬石窟群事宜图(殷力欣译)

巴米扬大佛石窟群中有两尊巨佛，傍山而凿。一尊凿于1世纪，高36.5米，身披蓝色袈裟；另一尊凿于5世纪，高52.5米，着红色袈裟。佛像脸部和双手均涂成金色，它是世界上最大的立佛。两尊佛像的两侧均有数十米暗洞可直达佛顶平台，上面可站百余人。在东大佛佛龛里，可以看到太阳神壁画，其风格受到来自于伊朗拜火教和希腊文化的多重影响。

1923年法国考古学家葛达尔的夫人摹绘的巴米扬东大佛窟龛顶壁画

巴米扬大佛开凿于公元4—5世纪。在历史上遭受过多次重大破坏，第1次发生在阿拉伯帝国军队征服巴米扬期间；第2次发生在13世纪初蒙古铁蹄入侵时期；第3次是在19世纪英军占领巴米扬时，英军的炮击将两尊大佛毁得肢体残断、满目疮痍；最后一次发生在2001年3月，阿富汗塔利班政权不顾国际社会的一再呼吁，将东、西大佛炸毁。佛龛里那些美妙的天井画几乎被彻底损毁。如今巴米扬石窟佛像群一片凄凉，山崖下仅存佛像形状的石窟和佛像残骸。2002年，联合国教科文组织的调查团竟然在D1洞窟中奇迹般地发现一幅幸免于难的壁画。壁画描绘的是一位供奉者，其鲜明的相貌轮廓显示与伊朗民族有着密切联系。它是巴米扬现存壁画中可以看清人物表情的珍贵遗存。在巴米扬盆地西端的弗拉蒂河谷里也开凿有约30多个石窟，但这些石窟中的壁画大多都被盗了。

遗产保护

历经千余年的无数次破坏，巴米扬石窟佛像已经损毁严重。2001年塔利班的破坏更是这一文化遗址的彻底悲剧。破坏发生后，联合国教科文组织及其会员国在巴黎总部紧急通过并发布了《预防任何有意图性破坏世界文化遗产的国际宣言》，警示世界不应再有类似的文化悲剧发生，“绝不能让悲剧重演！”世界遗产委员会也强烈呼吁“保护战争中的文化遗产”。

塔利班政权倒台后，联合国教科文组织调查团对巴米扬大佛的被毁状况进行了紧急调查。在联合国教科文组织的主导下，阿富汗对巴米扬山谷文化景观展开了拯救保护活动。

2003 年，巴米扬山谷文化景观被列入教科文组织《世界遗产名录》和《濒危世界遗产名录》。此外，在教科文组织领导下，一个旨在保护巴米扬壁画和佛壁龛的三阶段项目已经展开。具体内容包括：山崖及两座佛龛的稳定与加固工作，被毁佛像及佛洞中壁画残片的保存，阿富汗维护专家的培训工作，保护遗址不受非法挖掘等。目前该项目已基本完成。

2011 年 3 月，为对巴米扬遗址展开长期、持续的保护工作，联合国教科文组织在法国召开第九届巴米扬专家工作组会议，对保护巴米扬山谷文化景观及其考古遗迹的未来具体举措进行讨论。联合国教科文组织不赞成重塑佛像，专家会议审议通过了保护遗迹及佛龛的其他办法，同时还将继续就巴米扬文化景观展开研究与维护工作：

1. 对两尊大佛进行紧急修复与保存；

2. 对两尊大佛山崖上的石窟进行加固及补强；

3. 对巴米扬峡谷山崖上佛教隐修洞穴进行普查，并加以适当修复与加固；

4. 对巴米扬石窟壁画进行普查及分析，并进行壁画修复与保存；

5. 除两座大佛像等 8 处考古遗址外，对可以辅助了解此线性文化景观的其他遗址及元素进行普查及分析；

6. 针对两座大佛像在内等 8 处考古遗址的世界遗产及上述其他遗址及元素，制定巴米扬考古遗址线性文化景观的经营管理文本；

7. 清除巴米扬考古遗址线性文化景观区的地雷，以确保安全；

被炸毁的西大佛

8. 有效保护、弘扬巴米扬峡谷口头传说和表述、表演艺术、社会风俗、礼仪、节庆、传统的手工艺技能等非物质文化遗产；

9. 加强对巴米扬居民社会生活的关注，维持巴米扬社会的稳定和可持续发展，体现“以人为本”的保护精神。

保护模式

1. 拟订巴米扬峡谷文化景观总体规划

联合国教科文组织对巴米扬山谷文化景观及考古遗址的保护，一方面注重对阿富汗当地专家的培训，另一方面也着手对大佛和一些危急古迹进行修复。在具体的保护手段之外，国际专家配合阿富汗文化及新闻部、国土规划部及巴米扬省府于 2006 年底拟订了巴米扬山谷文化景观总体规划，对两座大佛像在内的 8 处考古遗址及文化景观进行整体性修复，还将其他可以辅助了解此线路文化景观的近百处遗址及元素列为文化敏感发展区。此文化景观总体规划于 2007 年底公告并进入实践。2008 年 7 月 24 日，阿富汗政府、巴米扬省府及国际社会推动召开了首届巴米扬发展论坛大会，大会肯定了巴米扬峡谷文化景观总体规划的正面性及重要性，建议将此文化景观总体规划及文化敏感发展区列为巴米扬发展总体规划的重点。

从 2006 年起，联合国教科文组织协助阿富汗文化及新闻部起草文化建设策略、文化活动分析及文化发展障碍评估，于 2009 年底前制定了全面的文化政策。

2. 促进当地文化经济旅游资源发展

联合国教科文组织在对巴米扬大佛及考古遗址文化景观进行整体性修复的同时，为配合巴米扬省府为恢复当地的文化经济旅游资源发展所做的工作，全力支援巴米扬景观区内的排雷。联合国教科文组织认为，世界遗产的保护与发展需要和属地公众的生活改善、环境优化及文化提升相协调。文化遗产的灵魂只有同当地历史、文化乃至社会生活紧密结合，才能获得更好的保护和真正发挥文化影响力。因此，联合国教科文组织希冀通过对巴米扬世界遗产的旅游开发，以文化为切入点促进巴米扬当地居民的生活改善、环境优化与文化提升，以达到持续性发展目的。

经验借鉴

联合国教科文组织及其世界文化遗产保护委员会作为保护世界文化遗产的主要组织机构，在世界文化遗产的保护中发挥了重要的组织作用。联合国教科文组织通过大力促进各成员国采取更加有效的措施，极大地推动了世界文化遗产的保护。一方面，联合国教科文组织努力调动更多的资金，加强对其倡导的所有关于保护文化遗产活动的支持力度。巴米扬山谷文化景观的整体修复等项目所需大量经费基本由联合国教科文组织或者其成员提供，从而保证了这一濒危世界遗址挽救工作的开展。另一方面，联合国教科文组织与各国政府机构在保护文化遗产方面紧密合作，鼓励各成员国将保护文化遗产列入各自的战略计划并写进学校的教科书，促进各国在保护文化遗产方面的技术合作。如在巴米扬山谷文化景观总体规划和线路文化敏感发展区的制订上，联合国教科文组织协助阿富汗文化和新闻部起草文化建设策略、文化活动分析及文化发展障碍评估，并起到了积极主导作用，从而制定出全面的文化政策。

联合国教科文组织的遗产保护中，其数十年来的丰富保护经验和先进的理论已经证明，保护文化遗产的具体行动完全可以在地方经济发展和社会进步方面起非常积极的推动作用。联合国教科文组织强调遗产对文化认同、经济发展和社会整合的重要作用是其生命力的重要保障。如联合国教科文组织与阿富汗政府合作开发巴米扬文化旅游，来促进当地文化、经济发展，推动巴米扬文化景观遗产保护的可持续发展和整体保护，推动人们更好地利用自己的文化来为自己谋取更好的生活，从而能真正把文化跟人们的生活整合起来，形成文化生存和发展的良好生态。

对于像阿富汗这样一个充满贫穷与战乱的国家，由于无暇顾及保护自己国家的文化、自然等遗产，联合国教科文组织这样的国际组织在其文化遗产的保护中发挥的作用就越发显得重要。实践也证明，国际组织的努力使阿富汗等国家进入濒危行列的一些文化遗产得到了最大程度的保护和挽救。而联合国教科文组织充分发挥保护文化遗产的重要职能，才能促进人们认识保护文化遗产的重要性，而在逐步重视保护自己本国文化遗产的过程中，人们才能学会重视保护其他国家的文化遗产，最后实现世界和平对话和相互了解。

中央政府的职能：长城

遗产信息

▶ 中文名称：长城

▶ 英文名称：The Great Wall

▶ 遗产地址：横贯中国河北、北京、内蒙古、山西、陕西、宁夏、甘肃七个省(市、自治区)

▶ 遗产类型：文化遗产

▶ 批准时间：1987 年

▶ 评定标准：文化遗产标准 C(I)(II)(III)(IV)(VI)

▶ 遗产评价：公元前约 220 年，秦始皇下令将早期修建的一些分散的防御工事连接成一个完整的防御系统，用以抵抗来自北方的侵略。长城的修建一直持续到明代(1368 至 1644 年)，终于建成为世界上最大的军事设施。长城在建筑学上的价值，足以与其在历史和战略上的重要性相媲美。

遗产特色

长城是中国古代建筑史上的伟大奇葩，在世界古代工程史上也可谓罕见。由于其长达几万里，故又被称作“万里长城”。

长城始建于春秋战国时期，至今已有 2000 多年历史。春秋战国时期，各国诸侯为了防御别国入侵，修筑烽火台，并用城墙连接起来，形成了最早的长城。以后历代君王几乎都加固增修长城。据记载，秦始皇使用了近百万劳动力修筑长城，占当时全国总人口的 1/20。当时没有任何机械，全部劳动都由人力完成，工作环境又是处于崇山峻岭、峭壁深壑之中，十分艰难。

长城东起山海关，西至甘肃嘉峪关。从东向西行经 10 个省(市、区)。长城的总长度为 8851800 米，其中人工墙体长度为 6254239.662 米，堑壕和天然形成长度为 2594234.2265 米。今天所指的万里长城多指明代修建的长城，它西起中国西部甘肃省的嘉峪关，东至中国东北辽宁省的鸭绿江边，长 635 万米。它像一条矫健的巨龙，越峻岭，经绝壁，穿草原，跨沙漠，起伏在崇山峻岭之巅，穿越在黄河彼岸和渤海之滨。

长城自修建以来，就在中国历史上起着举足轻重的作用，与朝代的更替和中华民族的兴衰息息相关。在文化史上具有国家意识和国家空间的象征性，对于中国社会整合和民族认同具有鲜明的符号意义，是中华民族坚不可摧、永存于世的伟大意志和力量的象征。

遗产保护

中华人民共和国成立后，长城保护经历了五个阶段。

第一个阶段是 1952—1979 年。郭沫若副总理“保护文物，修复长城，向游人开放”的提议引起了中央人民政府的高度重视，文物局即把维修长城列入工作计划。当时提出了维修长城的“三项基本原则”：一是古建筑要按原状维修，要有古意，要“整旧如旧”；二是长城上游客休息座位的布置也要讲究艺术性；三是长城边上不能种高大乔木，以免影响长城的观看效果。由于经费有限，这一次主要维修了居庸关、八达岭和山海关长城。1953 年，维修完成，对外开放。1961 年，国务院将万里长城以及山海关、居庸关、八达岭、嘉峪关等几处重要地段列为全国重点文物保护单位，逐年加以维修、整理开放。

第二个保护阶段是1979—1984年。1972年,当时有专家向国务院领导反映长城遭受严重破坏,李先念批示:"长城不能毁",国务院也出了相关方面的布告和通知,并组织了五批调查人员去各省市调查了解长城状况。1979年,国家文物局在内蒙古呼和浩特首次召开了长城保护研究会,会后全国各地相继建立了长城保护与研究的组织机构。1984年山海关长城研究会率先成立。中国长城学会也开始筹建。

第三个保护阶段是1984—1987年。这是维修长城跨时代的里程碑阶段。1984年7月,北京的一些新闻媒体发起了"爱我中华,修我长城"的社会募捐活动,得到了中共中央政治局委员习仲勋同志的大力支持,并题写了"爱我中华,修我长城"。活动在不到3个月的时间即收到了200万元捐款。当年9月1日,邓小平同志题词"爱我中华,修我长城",使修复长城的社会赞助活动进入高潮,同时拉开了20世纪80年代维修长城的序幕。同年9月29日,天津宣布成立以李瑞环市长为首的"爱我中华,修我长城"赞助活动指导委员会,开始修复天津境内的古长城。这一阶段八达岭特区共修复长城2369米。另外,慕田峪、山海关等很多著名长城景点也得以修复。"爱我中华,修我长城"是自明代以来最大规模的长城保护性维修重建工程,一直延续至今。

第四个保护阶段是1987—2006年。1987年12月长城被列入《世界遗产名录》。长城由此走向世界。

长城

第五个保护阶段是2006年后。2006年12月1日《长城保护条例》颁布施行，这是我国第一次在综合性法规之外为一个单项文化遗产制定专项法规，开创了我国文物专项立法的先河。

保护模式

1. 建立中国长城博物馆

全面反映长城历史、政治、经济、军事、文化的综合性博物馆——中国长城博物馆1994年建成开放。全馆共设9个展厅，展厅面积3000余平方米。展览集中了长城沿线各地出土的文物、标本，辅以翔实的历史文献、照片、模型加以说明，同时还采用了部分高科技技术及声、光、电等现代陈列手段。

2. 大力加强长城保护宣传教育工作

利用广播、报纸、图片、幻灯、电影、电视等各种传播媒体广泛宣传保护长城的意义，宣传国家保护文物的政策法令，增强人民群众和社会各界对保护长城的重视程度。如北京密云就成立了一个由40名农民组成的“古北口长城保护队”，阻止游客攀爬没有开放的野长城。

3. 制订保护规划，划定保护范围及建设控制地带

由国家发改委牵头、文物部门具体组织，建设部、国土资源部、交通部、环保总局、林业局、旅游局等相关部门配合，制订了《长城保护总体规划》。从保护长城本体及其环境的完整性、真实性出发，在对长城进行全面研究评估的基础上，就长城保护的原则、性质、目标、保护区划、保护措施、相关环境治理和生态保护以及展示开放、管理等方面做出了具有实际指导意义的原则性规定。

划定长城保护范围和建设控制地带是落实规划和各项管理措施，依法保护长城的基本条件。长城保护范围和建设控制地带将在《长城保护总体规划》确定的原则基础上，针对不同地段的具体情况，以长城本体、相关遗存和周边环境不受破坏、损害为标准划定。同时，在游人集中区域、交通要道、省市县界等长城重要地段和其他必要位置树立保护标志，提示人们自觉保护长城。

经验借鉴

1. 中央政府和国家领导人高度重视

1952年，中央在财政极为困难的条件下，仍专门划拨近10万元人民币，用于八达岭长城的修复工作。“文革”期间，有人写信向中央反映，部分群众在长城周边拆城砖盖房子、搭猪圈。李先念在信函上批示：“长城不能毁”。“文

革”结束后，邓小平曾在公开场合叮嘱文物局领导：“你们一定要保护好长城，抗日战争时期长城就是中华民族精神的象征喽！”1984 年 7 月 5 日，《北京晚报》联合八达岭特区办事处等单位，发起“爱我中华，修我长城”社会赞助活动。社会赞助活动启事发出的第二天，习仲勋在人民大会堂对北京晚报社领导说：“这是一个好的活动，是个大好事。”1984 年 9 月 1 日，邓小平为此次活动题词：“爱我中华，修我长城”。资料显示，截至 1994 年，向该活动捐款的个人数量超过了 50 万，单位、地区捐款者近 10 万个，国内外各界人士的捐款捐物，折合人民币超过 2800 万元，修复长城超过 6 公里。

2. 专项法规保护

2006 年 10 月 11 日，国务院总理温家宝签署第 476 号国务院令，公布了《长城保护条例》，该条例定于 2006 年 12 月 1 日起施行。国务院为一个具体的文化遗产发布专门的行政法规，这是我国第一次在综合性法规之外为一个单项文化遗产制定专项法规，开创了我国文物专项立法的先例，体现了国家对长城保护工作的高度重视。之后政府拿出专项资金开展长城全面调查、建立长城资源信息数据库、设计开发长城资源信息系统、建立数字长城等。

3. 中央政府的组织设置与职能

文化遗产是全民财富与国家财富，保护文化遗产是国家义务。因此，世界各国文化遗产保护的最高权力机构都隶属中央，是中央政府中一个相当重要的职能部门。所不同的是有些国家设立单纯的管理机构，如日本、韩国的文化财厅，意大利的文化遗产与活动部；有的采取多头管理模式与其他部委合署办公，如我国现行的管理分属于文化部、文物局、住建部、林业局、国土资源部、旅游局、教育部等诸部门。

意大利政府专门设立了文化遗产与活动部，下设历史艺术人类学遗产局、建筑与景观遗产局、考古遗产局、现代建筑艺术局、档案管理局、图书遗产与文化协会管理局，负责对出土文物、艺术品、古建筑、古图书以及自然景观等文化遗产保护、维修及产业化运营的宏观规划、监督与管理。为了打击日益猖獗的盗窃、破坏文化遗产等犯罪行为，1969 年 5 月 3 日，意大利政府成立专职文化遗产宪兵部队，直属文化遗产部，是目前世界上唯一一支专门负责文化遗产保护工作的武装部队。

在法国，文化部是文化遗产保护工作的最高决策机构，下设文化遗产司。文化遗产司下设文化活动及事务、遗址、文化遗产管理、文化遗产登记管理四处，人类学遗产管理、影像类遗产管理、推广暨国际事务管理三科，具体负责国家文化遗产保护工作的规划决策、领导与监督。此外，文化部遗产司还负责法国国立古迹建筑博物馆、古迹信托及若干所文化遗产保护研究教学及信息搜集机构的管理。

英国政府文化遗产保护工作的最高权力机构是文化、媒体和体育部。在其组织建构中，艺术、建筑与创作事业司中的建筑、遗迹与遗址组专职负责历史建筑的维护、考古遗址的登记以及文物的出口管制等方面的工作。该部下设皇家公园与历史皇宫管理局，负责皇家园林与皇宫的日常管理与维护。另外，英国成立艺术图书馆，负责国立博物馆、美术馆及大英图书馆的财政预算以及艺术协会、工艺协会、博物馆美术馆委员会等文化艺术团体的资助。

美国政府文化遗产保护的最高权力机构是史迹保护联邦理事会和国家公园司。前者主要负责文化遗产保护方案的制订与决策；后者主要负责文化及自然遗产，特别是国家公园内文化及自然遗产保护的实施，两者统归内政部管辖。

日本文化遗产保护的最高责任人是文部科学大臣，具体由文化厅负责实施。文化厅下设长官官房、文化部和文化财部，文化遗产保护主要由文化财部负责。文化财部下设四科：传统文化科、美术学艺科、纪念物科、建造物科，分别负责有形文化遗产、无形文化遗产、民俗文化遗产、纪念物及历史建筑群保护的规划、设计与实施。

世界遗产地的政府责任：埃尔比斯开诺鲸鱼禁渔区

遗产信息

- 中文名称：埃尔比斯开诺鲸鱼禁渔区
- 英文名称：Whale Sanctuary of El Vizcaino
- 遗产地址：墨西哥
- 遗产类型：自然遗产
- 批准时间：1993 年
- 评定标准：自然遗产标准 N(IV)
- 遗产评价：埃尔比斯开诺保护区位于下加利福尼亚半岛中部地区，那里有许多重要的生态系统。地处奥霍-德列夫雷和圣伊格纳西奥的沿海环礁湖，是灰鲸、港湾海豹、加利福尼亚海狮、北方海象以及蓝鲸的重要繁殖地及越冬地。环礁湖还为四种濒于灭亡的海龟提供栖身之地。

遗产特色

埃尔比斯开诺鲸鱼禁渔区位于地处加利福尼亚湾与太平洋之间的下加利福尼亚半岛的中部地区。该半岛中心的奥霍-德列夫雷潟湖和圣伊格纳西奥潟湖是在埃尔比斯开诺鲸鱼禁渔区境内。埃尔比斯开诺鲸鱼禁渔区占地面积为 370950 公顷：其中奥霍一德列夫雷潟湖较大，有 9 公里宽，48 公里长，水深 5—12 米，约占地 227994 公顷；圣伊格纳西奥约占地 142956 公顷。这个地区处于干旱、半湿润气候区，年均气温在 18—22℃，并且该地区的蒸发率高达 98%，而年均降水量仅为 0—200 毫米。

在奥霍一德列夫雷湖周围的沿海小沙丘中，形成了不稳定的植物群落，主要的植物种属有美花莉属、枸杞和拉里亚属。此外，位于北太平洋北部边界的红树林的主要品种在该地区也均有发现。

保护区的自然景观、气候条件和地理位置使下加利福尼亚半岛成为灰鲸和鸟类的重要栖居地，世界上七种海龟中的四种在这里筑巢。灰鲸动物群和海豹都是这里有名的海洋哺乳动物，不仅如此，宽吻海豚、加利福尼亚海狮、海驴在圣伊格纳西奥潟湖均有发现。在保护区内还可以见到许多鸟类，如鱼鹰和猎鹰等。在海岸地区还发现了绿毛龟、玳瑁海龟和鳞龟。

自由嬉戏的鲸鱼

在保护区的周围居住着大约 38000 人，以农业、渔业、畜牧业、采矿业和旅游业为生。

遗产保护

自1938年墨西哥政府明文规定禁止进行鲸鱼贸易以来，鲸鱼的种群得到了有效的恢复。

1972年1月14日，墨西哥政府正式声明奥霍—德列夫雷是鲸鱼的避难区。

1972年9月11日，奥霍—德列夫雷和圣伊格纳西奥被划为迁徙鸟与野生动植物的保护区。

1979年，墨西哥政府将圣伊格纳西奥潟湖作为怀孕的鲸鱼的保护区，同时作为旅游胜地。

1988年，埃尔比斯开诺被政府正式列入生物圈保护区，在生物保护区圈定之后，墨西哥政府立法禁止人们进入滨海地区观看鲸鱼。

1993年，奥霍—德列夫雷和圣伊格纳西奥被列入世界遗产名单。

1996年，由日本三菱公司投资，墨西哥政府决定在圣伊格纳西奥地区兴建工业盐场。这项计划受到墨西哥当局的密切关注。专业人员在对此项目进行影响研究之后，发现兴建盐场的计划将会破坏保护区的整体性，对保护区的功能造成威胁。1999年，墨西哥政府邀请联合国教科文组织代表团来评估这个问题。评估团确认建设盐城不符合遗产地的“完整性”条件，扩建盐场的计划最终成为废案。2000年3月，墨西哥总统宣布终止这一计划。

随着工业、经济以及船只运输业的不断扩张，埃尔比斯开诺保护区难逃厄运。过往的船只对海生动植物群构成了严重的危害；旅游业也严重影响着鲸鱼的数量，因为船只搅动了沿岸水体。在夏天人们用网在潟湖和沿岸的河口

观鲸的游客

地区捕捞海龟，并将其送到附近的罐头加工厂。海龟的生长已经受到过度捕捞的严重威胁。为应对这一现象，墨西哥国家生态研究所专门成立了环境、自然资源和鱼类秘书处管理。该秘书处不但负责继续实施上一届秘书处制订的计划，也负责制订新的长期和短期的有关保护区的计划。

保护模式

1. 尊重自然环境，保护遗产地的完整性

1996 年，在圣伊格纳西奥地区兴建工业盐场的计划遭到公众的质疑。联合国教科文组织的评估团明确给出答复：埃尔比斯开诺鲸鱼禁渔区作为一个大规模的自然栖息地是一个整体，而圣伊格纳西奥处在一个相当原始的状态之中，在这里建设盐场不符合遗产地的"完整性"条件。这个答复让该计划最终成为废案，政府充分尊重该地美丽的自然风光和珍贵的物种，保护了这个天然环境的真实性和整体性。

2. 政府当局在遗产保护过程中发挥着重要作用

埃尔比斯开诺保护区由始至终都受到墨西哥政府当局的保护。从 1938 年的明文规定禁止进行鲸鱼贸易，1972 年划入保护区，1988 年被政府正式列为生物圈保护区，至 1996 年在联合国教科文组织的支持下，不允许当地盐场扩建。正是墨西哥政府孜孜不倦的努力，才使得生活在墨西哥埃尔比斯开诺的鲸鱼、海豹、海鸟可以自由地嬉戏和繁殖。

3. 在现代化建设与遗产保护中进行正确的取舍

随着人类对海洋资源的认识，对海洋资源的开发接踵而至，人类在埃尔比斯开诺保护区的活动也日趋频繁。例如，一家石油公司在潟湖滨海岸钻探开发天然气、石油，水产公司在此生产牡蛎，此外，还存在着五家渔业公司团体。长期以来，位于奥霍-德列夫雷潟湖附近的地区已经受到现代化建设发展的威胁，光是石油钻探就对该地区造成了严重的影响。面对来自现代发展的挑战，遗产地先后多次作出调整。1988 年，埃尔比斯开诺被政府正式列入生物圈保护区，在生物保护区圈定之后，墨西哥政府立法禁止人们进入滨海地区观看鲸鱼。1996 年，废止了扩建盐场的计划。

经验借鉴

1. "寻求解决办法"的成功案例

"寻求解决办法"是世界遗产保护工作常常采取的一个具体行动，这往往是世界遗产遭到严重威胁的情况下才采取的行动，其具体做法是世界遗产委员会和各缔约国政府在联合国教科文组织的专家和其他合作伙伴的协助下，对世界文化遗产保护提出具体意见。“寻求解决办法”在世界遗产保护史曾经数次拯救受到威胁的世界遗产，这是一个行之有效的手段，超越国家和组织，寻求国际社会支援与帮助，使世界遗产不受破坏。

2. 世界遗产地政府的责任心和使命感

墨西哥政府对埃尔比斯开诺保护区采取的保护措施，体现了世界遗产所在国家政府的责任心和使命感。虽然，保护世界遗产是全世界人民的义务，但是，世界遗产地政府是“近水楼台先得月”，应该在保护遗产的道路上一马当先。遗产地政府应当时刻关注遗产地的情况，掌握其动向，得到第一手资料，面对变动和挑战，及时作出反应，必要的时候，应当寻求国际组织、权威机构和联合国教科文组织的帮助。

3. 注重申遗后的保护，做到善始善终

申报世界遗产，申请加入《世界遗产名录》都是为了集合世界上所有有心人的力量，更好地保护世界遗产。墨西哥政府意识到扩建盐场将会给保护区带来无法补救的后果，果断地终止了该计划。这个案例说明了申遗成功不代表最终的胜利，已被列入《世界遗产名录》的遗产地应当更加注重保护遗产的完整性和真实性，稍有不慎，随时可能进入《濒危世界遗产清单》，濒危世界遗产也有可能经过遗产地的全面保护和及时修复，脱离濒危世界遗产的名列。整个申遗、保护、整修、维持的过程中，世界遗产都需要得到悉心的呵护。

科研机构的职能：莫高窟

遗产信息

- 中文名称：莫高窟
- 英文名称：Mogao Caves
- 遗产地址：中国甘肃省敦煌市东南 25 千米
- 遗产类型：文化遗产
- 批准时间：1987 年
- 评定标准：文化遗产标准 C(I)(II)(III)(IV)(V)(VI)
- 遗产评价：莫高窟地处丝绸之路的一个战略要点。它不仅是东西方贸易的中转站，同时也是宗教、文化和知识的交汇处。莫高窟的 492 个小石窟和洞穴庙宇，以其雕像和壁画闻名于世，展示了延续千年的佛教艺术。

遗产特色

莫高窟又名“千佛洞”，位于中国甘肃省敦煌市东南 25 千米处的鸣沙山崖壁上。石窟上下共有五层，最高处可达 50 米，南北长约 1600 余米。莫高窟最早在公元 366 年开凿，到元代基本结束，中间经过近千年的开凿，使莫高窟成为集当时中国各朝各代建筑、壁画、彩塑艺术为一体，世界上规模最宏大、内容最丰富、历史最悠久的佛教艺术宝库。

莫高窟现存洞窟共 735 个，分南北两区排列。南区共有 487 个洞窟，为莫高窟主体，窟中均有壁画或塑像，是僧侣们从事宗教活动的场所；1998 年，启动对北区的全面考古发掘工作，新确认北区共有 248 个洞窟，其中 5 个尚存壁画或塑像，其他均为僧侣修行、居住及亡后掩埋之所，设有土炕、灶炕、烟道、壁龛、台灯等日常生活设施。

目前可供参观的洞窟有 10 个，壁画 45000 余平方米，彩塑 2415 身，飞天塑像 4000 余身。

莫高窟壁画：千手千眼观音

遗产保护

千百年来，由于自然力和人类的活动，石窟崖体、壁画和彩塑均遭到不同程度的破坏。特别是明后期嘉峪关封闭后，敦煌更成了边荒之地，这个千年佛教圣地被人遗忘长达 500 年之久。到 20 世纪 40 年代初，敦煌石窟已是一片荒凉破败。

20世纪初，罗振玉、王国维、刘半农等人在北京、伦敦、巴黎等各地收集、抄录敦煌文献，开始了对莫高窟的保护研究。

1941—1943年，著名画家张大千对洞窟进行断代、编号和壁画描摹。

1943年，国民党政府将莫高窟国有化，并设立敦煌艺术研究所，开始对敦煌石窟进行系统性的保护、修复和研究工作。

1950年，研究所更名为敦煌文物研究所，进行敦煌文物的保护、修复与研究。

1951年，文化部委托清华大学、北京大学古代建筑修整所的古建筑、考古专家，勘察莫高窟保护现状，制订保护规划，并在此后的10年间，抢修了5座唐宋木结构建筑，维修加固了3处崩塌崖面和数百个洞窟。

1961年，敦煌莫高窟被列为国家级文物保护单位。

1963—1966年，先后三期完成了敦煌莫高窟576米崖面和354个洞窟的维修加固。

1983年，中国敦煌吐鲁番学会成立。

1984年，敦煌文物研究所升格为敦煌研究院，政府充实科技力量，开展治沙工程，开始利用数字化技术和其他技术加强保护工作。同年完成莫高窟南区南段26个洞窟和172米崖面的加固工程。

1987年，敦煌莫高窟被联合国教科文组织列入《世界遗产名录》。

1988年，国家文物局、敦煌研究院、美国盖蒂保护研究所签订保护敦煌莫高窟国际合作项目，同年与日本东京国立文化财研究所签订合作保护项目。

1993年，敦煌研究院与美国盖蒂保护研究所、中国文物研究所联合举办首届“丝绸之路古遗址保护国际学术会议”。

1998年，敦煌研究院与兰州大学敦煌学研究所合作，申请并通过我国第一个敦煌学博士学位授予点。

1999—2002年，敦煌研究院与美国盖蒂保护研究所、澳大利亚遗产委员会合作，制订《敦煌莫高窟保护与管理总体规划》。

2000年，“藏经洞文物发现暨敦煌学百年”纪念活动在敦煌举行。

2001年，敦煌研究院与兰州大学地质系联合创办我国第一个文物保护研究中心。

2002年，甘肃省人大常委会审议并通过《甘肃省敦煌莫高窟保护条例》，于2003年3月1日正式实施。

2008年12月29日，莫高窟文物保护史上规模最大、涉及面最广，总投资达2.61亿元的莫高窟保护利用工程获国家发改委批复立项开工，工程包括保护利用设施、崖体加固及栈道、风沙防护、安防等。

保护模式

1. 多学科结合进行综合性科学保护

敦煌研究院对莫高窟长期坚持自然科学、人文社会科学与多学科的综合保护研究。在人文社会科学和多种学科结合方面，他们经过数十年对敦煌和莫高窟历史、地理、艺术、内容、文化及佛教史的全方位研究，现已出版180多种专著，发表2600多篇论文，全面揭示了莫高窟的历史、艺术、科技、社会等价值；在自然科学和多学科结合方面，他们通过对石窟窟区环境与洞窟内微环境的监测、砂砾岩风化机理、风沙危害和防治、壁画材质分析、壁画病害机理、壁画修复材料和沙砾岩石窟岩体裂隙灌浆材料筛选、土遗址保护等研究，同样也取得了一大批科研成果。

2. 采用数字化技术保护洞窟

20世纪90年代起，敦煌研究院与国内外科研机构合作，开始"数字敦煌"的探索和研究。1998年，敦煌研究院与美国梅隆基金会合作，正式开始敦煌莫高窟的数字化拍摄。目前已完成莫高窟22个洞窟的测量、拍摄和编目工作。

3. 制定游客管理对策

通过各种渠道汇总游客信息，了解全年游客来敦煌参观的规律，做出接待计划。对50人以上的内外宾参观团进行预约。对外宾散客实行预约制，在网上发布外宾散客的参观时间表及接待办法。扩大游客参观的空间，当洞窟游客过于集中时，先将游客分流至陈列中心、藏经洞陈列馆和其他特色陈列馆进行讲解，缓解窟区的压力。严格执行编排的12条游线，有效调节窟区内参观秩序。

经验借鉴

为避免政府部门因专业知识匮乏而导致的决策失误，许多国家都在各级文化遗产管理部门下设文化遗产专家委员会，以负责文化遗产保护、管理、开发及活用等方面的技术咨询。韩国、日本、美国、意大利、法国都设置有相当专业的科研机构，专门从事各种文化遗产的保护研究。敦煌研究院与国际研究机构的成功合作以及壁画图像数字化存贮与再现技术的科技攻关成为发挥科研机构保护文化遗产职能的范例。

1. 中央政府的政策和资金保障

在中央政府的政策支持和资金保障下，敦煌运用全方位的管理，包括文物保护实验室、科学和环境研究机构、美术和考古研究所、出版物和展览单位，通过实施保护工程的整体规划，实现了艺术的永久流传。

2. 中外合作，提升保护技术水平

中外合作，引进国外技术，更合理有效地保护莫高窟等条件艰苦地区的文化遗产。近 20 年来，中国文化遗产保护领域的国际合作取得了许多重要的成果，敦煌研究院与美国盖蒂保护研究所和东京文化财研究所的合作、秦俑博物馆与德国关于秦始皇兵马俑彩绘保护的合作、国家文物局和陕西文物保护中心与意大利政府和德国的合作等一系列项目就是开展国际合作的成功范例。这些合作项目解决了我国文化遗产保护中的一些重大难题，尤其是在多年的国际合作中我国逐渐培养了一批文化遗产保护的科技队伍，提高了文化遗产保护的技术水平。

3. 预防性的保护

敦煌研究院通过 20 年的艰苦探索和实践，使敦煌石窟的保护工作从原来的抢救性保护阶段过渡到科学的预防性保护阶段。如"洞窟游客承载量"的综合研究项目，提出为了应对逐步升温的旅游压力，切实处理好文物保护与旅游

莫高窟彩塑

发展的关系，预防不当的开放给文物带来的破坏。又如为了抢救敦煌石窟珍贵的文物信息，国家科技部、国家文物局和甘肃省科委先后立项，将计算机技术和数字技术应用到敦煌石窟文物保护工作中，开展壁画图像数字化存贮与再现技术的科技攻关，目前项目已取得突破性进展并付诸实施。敦煌石窟壁画彩塑的数字化，不仅永久保存了文物信息，还为敦煌学研究提供了准确和详细的信息资料，并可制作虚拟洞窟供游客参观欣赏，为缓解石窟开放的压力、保护壁画提供了技术保障。此外，“敦煌莫高窟环境演化与石窟保护研究”“敦煌莫高窟及周边地区环境演化科普教育”等项目把文物赋存环境对文物保护的重要性提升到一个新的高度，同时也唤起了全社会树立保护环境、保护人类珍贵遗产的意识。

社团组织的职能：布莱尼姆宫

遗产信息

- 中文名称：布莱尼姆宫
- 英文名称：Blenheim Palace
- 遗产地址：英国牛津郡伍德斯托克
- 遗产类型：文化遗产
- 批准时间：1987 年
- 评定标准：文化遗产标准 C(II)(IV)
- 遗产评价：牛津城附近的一个浪漫花园中，有一个众所周知的名胜，就是由天才园艺师布朗建造的布莱尼姆宫。它是英国国王为奖赏于1704年打败法国和巴伐比亚侵略军的马尔波罗第一位公爵约翰·丘吉尔，而于1705—1722年建造的公爵府。布莱尼姆宫以折中风格和回归民族根基而著称，是18世纪王宫建筑的杰出典范。

遗产特色

布莱尼姆宫位于英国牛津郡绿色乡村伍德斯托克，属于马尔波罗公爵所有，是英国规模最大的建筑之一，列居“世界十大宫殿”之一。

布莱尼姆宫

布莱尼姆宫的名称源自1704年8月13日在欧洲进行的一场决定性战争。为了表彰丘吉尔的功绩，英国女王安妮封他为马尔波罗公爵，并赐予2100英亩土地，为其修建了一座以布莱尼姆命名的宫殿。这是英国历史上唯一一座既非王室所有，也非宗教建筑，却被称为宫殿的建筑。

布莱尼姆宫从1705年开始建造，至1722年完工。布莱尼姆宫的园林艺术是融合了东西方园林艺术的卓越典范。它将田园景色、园林和庭院融为一体，在广袤的空间里点缀多个不同风格的园林，每个个体设计都显示出超群的风范。从住宅的高处往下看，花园布局整齐有序，其中的植物、通道和装饰物尽收眼底。宫建在格里姆河边，园林设计师通过建造堤坝蓄起了两个形状狭长的湖泊。湖边是典型意大利风格的梯田式花园。园林中的绿色植物和草坪将周围广阔的田园、园林和庭院融为一体，随意装点的橡树林、湖泊、玫瑰园、小瀑布等体现出英国式园林的自然风格。随处可见的雕塑、喷泉和修剪成几何图形的植物，又使布莱尼姆宫成为一座拥有浓郁法国巴洛克风格的花园。

布莱尼姆宫的园林不仅集合了西方园林的审美之趣，其北面园林的设计还很好地融合、借鉴了中国的造园手法。在18世纪，随着东西方的交流，发源于法国的"中国热"，也逐渐蔓延到英国。当时的西欧从工艺美术、室内装饰到建筑、造园等都无不受到中国艺术的影响。布莱尼姆宫北园的设计就是英国天才园艺师布朗借鉴中国自然造园手法，结合英国的自然地貌和牧场为主的田园风光，营造出的别具一格的英式自然园林。由于荟萃了18世纪东西方的园林样式，这里成为园林艺术的博览会。

布莱尼姆宫园林中的水汀

布莱尼姆宫的建筑也极具艺术魅力，是18世纪英国大贵族宅邸的典型代表。宅邸建筑以主厅为中轴线，主体建筑由黄色的两层宫殿和向两翼伸展出的广阔庭院组成。主厅是一个新古典主义风格和新兴的巴洛克样式的混合体：主厅正面外观是巨大的科林斯式柱廊，拖着高高的三角山墙，是典型的古希腊风格和文艺复兴时的新古典主义风格。一直延伸到大厅南北两边的长拱形走廊和高耸的塔楼，则是17世纪新兴的巴洛克式风格。新古典主义和巴洛克风格的结合，使得整个宅邸建筑既对称、庄重，又不乏灵动的变化。建筑内部是典型的18世纪英国上层贵族的家居风格。大厅内的沙龙、接待室、图书室、客厅等环小型庭院分布，通过游廊与中厅相连。室内陈设着家族油画、壁毯及各种装饰摆件，每一件都出自名家之手。宏伟大厅中有令人惊叹的天花板绘画，由著名画家詹姆斯·桑希尔于1716年绘制。绘画内容按照布莱尼姆战争的顺序在宫中展开，讲述了马尔波罗公爵的胜利过程。当四壁上端窗户的明亮光线射入室内的时候，既照亮了室内的华美装饰，也照亮了天顶的巨型油画，给人以金碧辉煌之感。宫殿的最西侧是宏伟、高敞的图书馆，室内装饰不同于贵宾厅的红、绿等浓重色调，而以清雅明亮的白、黄色调为主。在图书室高大的落地窗外是喷泉露台，在图书室内阅读时也可以欣赏阳光下闪亮的喷泉。

布莱尼姆宫内景

遗产保护

1705年，布莱尼姆宫开始施工，但批准建造布莱尼姆宫的资金没有到位，拖欠建筑师、石工、雕刻家等人工资共计45000英镑。

布莱尼姆宫建筑全景

1712年，建造布莱尼姆宫的所有工作被迫停止。安妮女王逝世后，马尔波罗公爵自己出资完成了宫殿的修建工作。

1722年，布莱尼姆宫建成。

1907年，布莱尼姆宫交由公益性民间机构国家信托基金管理，负责保护与管理所需的资金筹集工作，以确保该遗产能长期得到良好的管理与保护。英国国家信托基金的雄厚资金保障，为其提供了良好的保护环境，宫殿原貌得以很好地保存，避免了为了营利目的而过度开发。

1987年，布莱尼姆宫被列入《世界遗产名录》。

保护模式

1. 充分发挥民间团体的作用

英国政府部门对文化遗产的管理采用不直接介入的方式，交由公益性民间机构团体负责具体管理。在英国，民间团体介入遗产保护具有悠久传统，功不可没。早在1877年，著名设计师威廉·莫里斯成立的英国古建筑保护协会就开创了英国古建筑保护的先河，极大抵制了维多利亚时代对中世纪建筑极具破坏性的"重建"，挽救了一大批古老建筑。在当代，英国民间公益性团体组织对英国的遗产保护更是提供了人、财、物等多方位的支持。像布莱尼姆宫这样的世界文化遗产，就是由国家信托基金负责全权管理的。国家信托基金成立于1907年，是一个独立运营的非营利性机构，管理着英国最重要的文化遗产。对于布莱尼姆宫文化遗址的保护，国家信托基金设立有专门的布莱尼姆宫基金委员会，负责它的保护与管理所需的资金筹集。基金会在文化遗址保护的法规制定上积极介入，而在管理上则允许更有弹性的管理与运营，这就使得基金会的运作形式丰富多样。同时，国家法律授予国家信托基金这样的民间文化遗产保护机构有权宣布"不能让予土地，以防止土地和遗产被有企图性地出售和抵押，其运营模式采取董事会制度"。由于该基金会拥有大量的会员、志愿者和充足的资金来源，每年会员的年费、自愿捐款和馈赠都大大超过了布莱尼姆宫门票和场地出租的收入，确保了该处遗产能长期得到良好的管理和保护。

2. 合理发展旅游经济

布莱尼姆宫目前继承者是约翰·乔治·范德比尔特·斯宾塞-丘吉尔，第十一代马尔波罗公爵。公爵仍然保留宫中所有事务运营的最后决定权，但日常商业已经交由国际知名的苏戴斯荷公司承办。布莱尼姆宫现在仍然是马尔波罗公爵的家，但继承人只居住宅邸的一小部分，建筑主体和园林都对外界开放，有专门的接待和管理队伍。布莱尼姆宫通过游园里的各项娱乐设施、门票以及出租场地用作拍摄地、各种庆典等方式获取收入，为宫殿的维修与保护提供资金支持。每位游客收费 16.5 磅，只参观园林则收 9.5 镑门票，但也有 8 公里长的免费道路，可通老伍德斯托克和牛津郡路，可直达胜利石柱。草坪上的蝴蝶房、游乐场、小火车、礼品店都对公众开放。园林里时常举办音乐会和庆典活动。布莱尼姆宫还曾作为多部电视和电影的外景地。2005 年曾在此举办欧洲赛马冠军赛。除此之外，布莱尼姆宫还有三个非常重要的展览：丘吉尔使命展、温斯顿·丘吉尔爵士生平陈列、布莱尼姆宫——鲜为人知的故事展。

经验借鉴

1. 发挥民间非营利组织在保护文化遗产中的作用

布莱尼姆宫作为英国历史上除皇家园林外的最大私人庄园，所有者丘吉尔家族的后裔早已经没有能力来维护这样一个庞大奢华的庄园了。但是如果让英国政府或地方政府包揽该文化遗址的一切管理经营与保护工作，每年投入的维护与修缮的资金将是一笔很庞大的开支，无疑会给国家财政增加很大压力。然而英国历史上民间非营利组织对于社会公益事业和文化遗产的保护一直发挥着积极的作用。因而英国政府将大量的文化遗产转托民间公益性非营利机构来管理维护。一方面是可以减轻政府的财政负担，另一方面则是因为英国非营利性机构的管理更具有透明性，其管理效率更好，能获得更多的社会支持。英国的慈善和非营利性组织的财务报告和款项使用、人事情况、调查评估报告或监管报告均被“晒”在网上，任何人都有权查阅。例如，英国参与遗产保护工作的志愿者多达 115 万人，每年的工作创造的价值超过 1 亿英镑。

英国的国家信托基金是英国会员最多的组织，也是世界上成立最早、规模最大、组织最完善、涉及范围最广的信托组织。另一拥有近 75 万会员的民间非营利机构——英格兰遗产，既是英国文化、媒体及体育部的首席顾问，也是英国 400 多处国有历史遗产的管理者。英格兰遗产将这些遗产向社会各界公众开放，每年接待 1100 万参观者，免费接待 44.5 万师生，1000 万张照片、设计图和调查资料可以公开获取。2011 年 6 月，英格兰遗产发起一个评选“天使奖”的新项目，旨在奖励那些在挽救濒临永久消失的重要历史地区方面做出突出贡献的个人或团队。这无疑是一个振奋人心的活动，可以更大程度地激起人们保护濒危遗产的热情和动力。

英国在布莱尼姆宫保护和管理上发挥民间社团组织的作用，采取国家信托基金管理模式的成功经验尤其值得借鉴。当今许多国家都设置了专门的文化遗产保护的社团组织，从而为人类文化遗产保护奠定组织基础，除中央政府设置有专门的组织机构外，各地区还设置有地方性文化遗产社团机构，专门负责当地文化遗产资源的保护、管理与开发。通过这类机构的积极活动，在为文化遗产保护筹措资金的同时，激发社会参与文化遗产保护的积极性。

目前国家信托的运作方式是让各地方的文化遗址能够自行管理与保护。采用这种社区导向保护机制，可以管理好资源不同、文化背景不同的文化遗产，同时也可以充分发挥遗产所在地自身的历史责任感和文化自豪自觉意识。此外，这种模式最值得学习的地方是，它除了可以极大调动社区积极性，便于社区在参与中解决问题之外，更可以加强当地社区民众对文化遗址的认同感，让文化遗址真正进入人们的日常生活。通过这种方式，它激发了民众的创造力和文化认同感，也在消除社会隔阂、保障社会弱势群体的文化权益上发挥了积极作用，使其在对文化遗址的参观中获得快乐。

信托基金及英国其他民间保护基金均极为重视发挥会员和志愿者的作用，通过吸引更多会员加入、鼓励捐赠、增加营业收入的同时，每年都组织几次大规模的志愿者工作营，强化调动社会对文化遗址保护的积极性。国家信托基金定期举行多种训练课程提供给员工和志愿者，以提高其专业素养，以便发挥遗产保护的经验和专业知识的作用，也让更多的民众了解文物保护的重要性和掌握相关知识，使文化遗址保护的观念深入人心。

2. 制定措施与政策，合理利用文化遗产

伦敦数以千计的不太知名的建筑都被注册为文物保护单位，鉴于公众的利益，这些被保护的建筑仍然可以继续使用，因为被闲置的建筑是极易被毁坏的。很多属于私人所有的保护建筑，有些用作居民住房，有些用作办公用房，还有一些被教堂、学校和医院使用。为此，英国遗产局规定了继续使用这些建筑所能做的必要改变，包括：现代电力系统和管道系统的安装，消防设备、逃生通道等的布置。但是，他们坚持认为，对古建筑的改造必须尽可能少地破坏历史文物和原有风格。在一定情况下，政府将拨款帮助文物所有者去弥补保护、修复古建筑的高昂费用，从而使得这些保护建筑得到合理的利用，同时也激发广大民众、民间团体参与遗产保护的自觉性。

教育机构的职能：罗马历史中心

遗产信息

- 中文名称：罗马历史中心
- 英文名称：Historic Centre of Rome
- 遗产地址：意大利、梵蒂冈罗马奥勒利安城墙内
- 遗产类型：文化遗产
- 批准时间：1980 年，1990 年
- 评定标准：文化遗产标准 C(I)(II)(IV)(VI)
- 遗产评价：根据神话传说，罗马城由罗穆卢斯和瑞摩斯于公元前 753 年修建。罗马首先作为罗马共和国的首都，后来是罗马帝国的都城，再后来到

了公元 4 世纪，这里则成了整个基督教世界的中心。1990 年，这个世界遗产地的范围扩大到了罗马八区的城墙。该文化遗址包括了一些著名的古代建筑，例如：古罗马广场、奥古斯都的陵墓、哈德良的陵墓、万神殿、图拉真柱、马可·奥里利乌斯柱，以及罗马教皇的许多宗教和公共建筑。

遗产特色

罗马历史中心位于今意大利首都罗马城内。大部分遗址已埋在现罗马街区下，但遗址中心的罗马广场及其周围一带已辟为国家公园，可供游人观赏。罗马古城地处台伯河下游平原，距海岸约百余千米，从公元前 5 世纪—公元 476 年一直是地中海地区的最大城市，最繁盛时人口逾百万。

古城中心最重要的地段是罗马广场，建城以后即为居民往来集会的中心。到共和国末年罗马广场四周已遍布神庙、会堂、元老院议事堂和凯旋门、纪念柱等，至帝国时期又不断扩建装修，其富丽堂皇居整个帝国之冠。从恺撒以至各朝皇帝，不断在罗马广场北面和东面建造以帝王为名的广场，其中最大的是皇帝图拉真的广场，由市场、会堂、图书馆、纪念柱和神庙组成，气象雄伟，建筑精美，代表罗马建筑的最高水平。在罗马广场西南不远耸立着的大竞技场，采用圆形剧场的形式，内部可容 5 万名观众，是古代最宏大的剧场建筑。

万神殿富丽堂皇的内部装饰

此外，城中还有数以百计的神庙、剧场、图书馆、体育场、浴场以及规模宏大的引水道等。罗马皇宫则建于帕拉蒂诺山上，后世习称帕拉蒂诺皇宫，包括大量厅堂、浴室及赛车场、剧场等。如今，这些古迹只存废墟，唯有万神殿完整保留下来。它是一座圆形圆顶的神庙，前有古典式柱廊，圆顶用天然混凝土，以火山灰石筑成，是罗马建筑在结构技术方面的伟大创造。其圆顶高达43米，宽亦相近，气势宏伟，结构严密，对日后欧洲古典建筑有深远影响。它是众多不朽人物、艺术家和国王的永久憩所。

遗产保护

217年，罗马大竞技场遭雷击引起大火，受到部分毁坏，但是很快在238年又修复，继续举行人与兽或人与人之间的搏斗表演，这样的活动一直到523年才被完全禁止。

442年和508年发生的两次强烈地震对大竞技场结构本身造成了严重的损坏，在中世纪时期该建筑物并没有受到任何保护，因此损坏进一步加剧，后来干脆被用来做碉堡。

从6世纪直到18世纪，大竞技场差不多一直荒废着，成为人们大肆挖掘石料、寻找建材的“采石场”。

15世纪时，教廷为了建造教堂和枢密院，竟然拆除了大竞技场的部分石料。

从彼特拉克(1304—1374年)的时代起，人文主义者就不断呼吁保护大竞技场之类的罗马古迹。

1749年，罗马教廷以早年有基督徒在此殉难为由才宣布其为圣地，并对其进行保护。

罗马大竞技场外观

1939 年，意大利《保护自然古迹法》中保护范围从古迹扩大到自然环境，涵盖了对园林和公园的保护，展示了意大利遗产保护理论与方法的独创性和先进性。

1980 年，罗马历史中心区、城内教廷管辖区和圣保罗大教堂作为世界文化遗产被列为《世界遗产名录》。

1981 年，国际古迹遗址理事会与国际历史园林委员会起草了《佛罗伦萨宪章》，1982 年，作为《威尼斯宪章》的附件提出了历史公园与园林的保护方法和方针。

2008 年，意大利以总统令形式颁布《文化遗产保护法》。

保护模式

1．先进的保护理念

意大利政府在历史文化遗产保护特别是对历史遗址的保护方面投入了大量的精力，摸索出一套契合其自身特点并且行之有效的保护方法和原则。主要表现在对罗马古城区的保护、“历史中心区”和“大遗址”的整体保护以及对单体建筑和文物的保护上。在城市总体规划上，采取避开古城另建新城的方式，对“历史中心区”实行宏观保护的原则。

根据《威尼斯宪章》，意大利对旧城区文物古迹实行“整体保护原则”。在实践中，“整体保护原则”又分为两个层次：一是对“历史中心区”的宏观保护，二是对“大遗址”的整体保护。对历史文物尤其是历史遗址的保护，比较讲究原汁原味，尤其是一些著名的历史遗址，不搞大规模修复，更不去重建。像罗马著名的大竞技场，就不急于将它恢复成原样，去那里参观的游客，看见的虽是一片残垣断壁，感受到的却是几千年历史留下的沧桑。为了使观众对古老的竞技场有直观的感受，只在很小的一片区域，修复了一部分的石台，竞技场的舞台地面也只是修复一部分，让参观者知道原有的竞技场大致功能和模样即可。类似的景观，在罗马城内还有许多，像“罗马市苑”庞大的遗址群、“帕拉蒂诺宫殿”遗址、黄金宫殿遗址等。

2．强烈的国家主权意识和主人意识

拥有 5700 万人口的意大利是一个文物大国，拥有的世界遗产数目位居世界第一。罗马素有“永恒之城”的美称。在其“历史中心区”，不仅有古罗马时代的城墙、驿道、神殿、输水道、凯旋门、大竞技场等宏伟建筑，还有大片的古罗马广场废墟和随处可见的残垣断壁，更有自文艺复兴以来不同时期、不同风格的房屋和铺以石块路面的狭窄街道。可以说，正是由于意大利人对国家文物强烈的主权意识和主人意识以及在保护文物古迹实践中所确立的种种理念和原则，使这个古老国度的丰富文化遗产虽历千年风雨而仍葆昔日风采。意大利文化遗产的保护，从中央到地方，从法律制度的建立到保护措施的具体实施、技术研究、经费筹集等都形成了一个完整的体系，已成为一种民族自觉和文化素养，是世界各国文化遗产保护的榜样，这得益于意大利完善的遗产教育体系。

经验借鉴

在意大利的文化遗产保护中，教育机构发挥了重要作用，使意大利在世界文化遗产保护上有不可动摇的地位。意大利文化遗产保护教育机构较为发达，有专门的文物修复研究院负责文物修复技术探索与教学、国际交流与培训以及文物保护技术咨询等工作。一些大学也开设有文物保护修复与研究的专业、研究院，培养专业技术人才。

意大利专业的文化遗产保护人才培养的教育机构是隶属于罗马中央文物修复中心的修复学院，被称为文物修复专业人员的摇篮。其任务是对文物古迹进行检查修复、研究文物保护办法、培训人才。20 世纪 40 年代到 80 年代初，意大利只有一所文物修复学校，为了保证理论与实践相结合，提高教学质量，校方坚持每位教师只带一名学生，每届招生名额只有 18 个。3 年毕业，成绩优异者获“修复师”证书，成绩较差者获“修复工”证书。学员毕业后大多自己组成合作社，承包或参加文物修复工作。之后，罗马大学建筑系设立了古建筑保护的研究生院，威尼斯有建筑遗产保护职业培训中心，通过开办培训班或学校、开展节庆活动、举办展览等途径引发整个社会对文化遗产的关注，使其在环境式、生活式的教育活动中得到传承。

意大利文物保护修复高等研究院(ISCR，前身为中央文物修复院)是由意大利文化遗产和活动部授予特殊许可的文化遗产修复和保护技术机构。研究院汇集了艺术史家、建筑学家、考古学家、物理学家和环境监控专家、化学家、生物学家等专业人士，以及各类艺术品(壁画、油画、木板绘画、纺织品、纸质、金属、陶器、石质、皮革、木质文物等)文物修复师，他们以各自的专业资质进行合作，开展各种修复工作，并为文物的保护确定最佳的环境条件。研究院在壁画修复、露天石质文物保护修复、水下文物原址保护修复等方面的专业造诣，影响着整个欧洲甚至全世界。

意大利作为世界上最早形成文物保护学科的国家，其对文物保护专业人员进行的系统而全面的继续教育也颇值得学习。国际石质文物保护技术课程(Stone Conservation Technology Course)，由联合国教科文组织威尼斯办公室(UNESCO Venice Office)、国际文化遗产保护中心(ICCROM)联合举办，由威尼斯建筑学院(IUAV)具体承办，并由威尼斯多家文物保护机构参与，每两年一期在意大利威尼斯举办。该课程基本上体现了意大利对文物保护人员继续教育的思路和模式。参加该课程的学员都是经过精心选拔的，采用小班教学，每班限制在 25 人左右。受训人员基本都是已从事石质文物保护工作两三年的人员，学员本身的工作经验也能使他们更好地结合实际情况来进行学习，使学习有较强的针对性；其次是学员的学历背景较复杂，建筑、地质、化学、修复等各个专业都有，基本上涵盖了进修课程的各个方面，这样做的目的是通过学员之间的彼此交流，能更好地理解保护过程中各个相关专业的作用和特点，也培养了学员们在保护工作中的协作意识。培训课程的设置也是综合而全面的，涉及石质文物保护的各个方面。授课教师的来源是多渠道的，除了意大利和 ICCROM 的教师外，许多专业课还由来自德国、瑞士、西班牙、英国等欧洲多个国家的专家进行授课。在传授理论知识的同时，这些专家也带来了欧洲各国在石质文物保护项目方面的最新进展和一些新技术的应用情况。在实践课上，则由经验丰富的意大利修复人员来担任指导，鼓励学员们动手操作，来提高大家在实际工作中的应用能力。

世界遗产是人类历史、文化与文明的象征，开展世界遗产教学是为了加强公众对遗产保护的教育，增进对世界遗产知识的认识，开发世界遗产教育资

古罗马市集及广场

源，提高社会公众的基本素质，探究人类智慧与文明，为人类与自然的可持续发展奠定坚实的基础。联合国教科文组织对世界遗产教育非常重视，世界遗产委员会敦促各国政府积极制订行动计划，采取行之有效的措施来规范和指导有关世界遗产保护的青少年教育，鼓励各国教育机构把世界遗产保护列入教学日程，设置专门课程以普及遗产保护的知识。此外，联合国教科文组织还用 20 多种语言出版了《世界遗产与年轻人》的教科书。

共同治理的模式：悉尼歌剧院

遗产信息

- 中文名称：悉尼歌剧院
- 英文名称：Sydney Opera House
- 遗产地址：澳大利亚新南威尔士州首府悉尼市贝尼朗岬角
- 遗产类型：文化遗产
- 批准时间：2007 年
- 评定标准：文化遗产标准 C(I)

▶ 遗产评价：落成于 1973 年的悉尼歌剧院是 20 世纪的伟大建筑工程之一，无论是在建筑形式上还是在结构设计上，都是各种艺术创新的结晶。在迷人海景映衬下，一组壮丽的城市雕塑巍然屹立，顶端呈半岛状，翘首直指悉尼港。这座建筑给建筑业带来了深远的影响。

遗产特色

悉尼歌剧院位于澳大利亚新南威尔士州的首府悉尼市贝尼朗岬角，是澳大利亚的象征性标志，其特有的风帆造型，加上悉尼港湾大桥，与周围景物相映成趣，在现代建筑史上被认为是巨型雕塑式的典型作品。

1955 年，悉尼歌剧院公开征求设计方案，其中一位评委独具慧眼，说服其他三位评委，选择丹麦年轻设计师约恩・乌特松(Juon Utzon)别具一格的设计方案。悉尼歌剧院从 1959 年破土动工，整个建造过程曲折坎坷，历经 14 年，最终于 1973 年建成。

2003 年，美国普利兹克建筑奖的评委弗朗克・盖里(Frank Gehry)说："乌特松设计了一座远远超越其时代的建筑……一座改变了整个国家形象的建筑。"

悉尼歌剧院的设计竞赛方案和它的设计者约恩・乌特松

风帆外形的悉尼歌剧院共分为三个部分：音乐厅、歌剧厅和贝尼朗餐厅。音乐厅可容纳 2600 多人，音乐厅内有一架气势恢宏的大风琴；歌剧厅舞台面积 440 平方米，有转台和升降台，配有被称为"日幕"和"月幕"的两幅法国织造的华丽毛料幕布。

悉尼歌剧院有一系列被称为"壳"的大型预制混凝土构件，每一个构件都取自拥有相同半径的半球体，他们构成了剧院的屋顶。这座建筑物占地 1.8 公顷，长 183 米，宽 120 米。音乐厅位于西面的一系列"壳"内，而歌剧院则在东面的"壳"内，一个位于歌剧院庞大的基座上的较小的"壳"里面是贝尼朗餐厅。

音乐厅内部

遗产保护

建造悉尼歌剧院的计划始于 20 世纪 40 年代，悉尼音乐学院的院长尤金·古森斯(Eugene Goossens)成功获得新南威尔士州总理约瑟夫·卡希尔(Joseph Cahill)的支持，计划建造一个专门用于歌剧事业的剧院。

卡希尔于 1955 年 9 月 13 日发起了歌剧院的设计竞赛，共收到了来自 32 个国家的 233 件参赛作品。1957 年冬天，丹麦设计师约恩·乌特松被宣布赢得了竞赛，得到了 5000 英镑的奖金。乌特松于 1957 年访问了悉尼，帮助监督该项目。歌剧院的前期准备工作于 1959 年 3 月份开始。歌剧院的建造过程一共有三个阶段。阶段一：1959—1963 年，建造矮墙。阶段二：1963—1967 年，建造外部的"壳" 结构。阶段三：1967—1973 年，进行内部的设计和装潢。

悉尼歌剧院建成后，多年来一直需要不断的完善和维修，比较大的一次是在 2001 年。乌特松虽曾因建筑过程中的争执于 1966 年辞职，并发誓再不回澳大利亚，但 1999 年，他与悉尼和解，再次出马，同意编写一份设计原则陈述，来指导该建筑的未来变化。悉尼歌剧院由此又开始了大的修改。新南威尔士州政府一次性提供了 6930 万澳元的资助。悉尼歌剧院开始大规模有计划地进行重建或修缮工作。

2007 年 6 月 28 日，悉尼歌剧院被联合国教科文组织评为世界文化遗产。

保护模式

1. 管理体制

制订悉尼歌剧院信托基金法案。1961年，悉尼所在的新南威尔士州通过专门的法案，对悉尼歌剧院的管理进行详细的规定。

设立悉尼歌剧院公司。在信托基金会理事会的领导下，成立非营利组织悉尼歌剧院公司。公司作为公益性演出团体接受政府重点扶持，并享受有关税收优惠和接受社会捐赠。

2. 资金来源

新南威尔士州政府每年都拨出大笔预算资金，资助悉尼歌剧院用于场地维修、日常开支、保安等方面的多项开支。一般政府资助约占悉尼歌剧院总费用的60%，悉尼歌剧院自身创收及社会捐赠等约占40%。

3. 运作模式

悉尼歌剧院各场馆的运作大多采用演出场所与本地艺术团队建立长期固定合作关系的模式。与悉尼歌剧院长期合作的有悉尼交响乐团(Sydney Symphony)、澳大利亚歌剧团(Opera Australia)、悉尼戏剧公司(Sydney Theatre Company)、澳大利亚芭蕾舞团(The Australia Ballet)等澳大利亚一流演出团队。此外，悉尼歌剧院公司还每年推出约14个新剧目，并常与国际著名演出机构合作推出剧目。

经验借鉴

适当的选址、独特的设计、科学的管理、开放的市场、与时俱进的现代经营方式，是悉尼歌剧院运作30多年的成功经验，对中国进行文化遗产的大型公共文化设施建设与管理有很大的借鉴意义。

1. 重视大型文化设施的建设及其综合效益的发挥

悉尼歌剧院作为一个大型的文化设施及国家和城市形象的重要代表，既是悉尼和澳大利亚的地理地标，也是悉尼乃至澳大利亚的文化地标。它不仅直观地改变了澳大利亚的国家形象，更通过其近40年的努力，展演本土及世界各地富有创意的文艺节目，极大地丰富了澳大利亚民众的文化生活，保障了公民文化权利的实现，并且有力地促进了澳大利亚与国际社会的文化交流。自向游客开放以来，歌剧院日益扩展其功能，承办了悉尼和澳大利亚最隆重的庆典，包括建国200周年纪念、千禧年、奥运会、新年晚会等，成为澳大利亚的象征。悉尼歌剧院的经验表明，作为文化遗产的大型文化设施具有极强的公益性和综合的社会效益，必须重视大型文化设施的建设和发展。

2．民主与法治是公共文化设施科学管理的制度前提

悉尼歌剧院的建设与经营成功的最根本的保障是拥有民主与法治的社会制度。作为一个大型公共文化设施，从最早的是否投资兴建到地点的选择以及采用的建筑方案等，都是公开讨论、民主选择的产物。这一切都保证了歌剧院能获得一个最佳的选址和世界一流水准的外观设计，获得专门的法案对其进行资金与管理的支持。只有在民主法治的社会，作为公共财政大力资助的非营利大型文化设施的悉尼歌剧院，才能处于全方位的监督管理之下，才会有社会各界对悉尼歌剧院的决策组织“信托基金会”的全面参与及对悉尼歌剧院重大决策的参与，才会有悉尼歌剧院财务和业务的公开，并接受社会审计与监督等关键性的管理制度设计。

3．科学管理大型公益性文化设施的理想模式是“共同治理模式”

在悉尼歌剧院的管理架构中，政府部门（艺术厅）对歌剧院的管理是间接的，它与悉尼歌剧院信托基金理事会及歌剧院公司自身，形成了一个各司其职的“共同治理结构”，实行对悉尼歌剧院的有效管理。其中政府部门主要负责公共财政的及时投入（上报预算、争取经费、及时划拨）及监督使用（年终审计），负责有关政策法规的解释和法律服务；信托基金会承担“出资人”角色，受委托（法案规定）行使出资人的权利，既负责公共财政投入资金的合理使用，又实现歌剧院重大决策的社会参与；歌剧院公司则在首席执行官的主持下，执行理事会决议和面向市场，以公司治理的模式独立运作。这种管理体制，实现了决策权、经营管理权和社会监督权的适度分离，实现了政府的公共管理职能与公共财政出资人角色的分离，实现了大型公益性文化设施的所有权与经营权的分离，实现了有效的社会监督和参与，大大提高了公共文化设施的管理水平和服务效率。

政府对悉尼歌剧院的监督非常全面，既包括资金使用状况等硬指标，也包括委托专门机构进行观众满意度调查、了解报告雇员机会平等状况、健康与保险状况、信息公开程度、私人信息是否被滥用、决策的公众参与程度怎样等方面的情况。

法 制 篇

联合国教科文组织自1946年成立以来，颁布了《保护世界文化及自然遗产公约》《人类口头及无形文化遗产代表作条例》等一系列国际宪章与公约，为文化遗产保护的法制化建设作出了重要贡献。

意大利于1820年颁布史上第一部《历史文物及艺术品保护法》；1999年颁布第一部文化遗产保护综合法——《联合法》。通过法律，获得了对考古活动的绝对垄断权和对重要文化遗产的绝对监护权，杜绝了侵吞国家遗产的行为。

法国文化遗产保护法多达100多部。1840年，颁布第一部文化遗产保护法梅里美《历史性建筑法案》，表明法国是历史建筑保护的先行者；1962年颁布《历史街区保护法》，1973年颁布《城市规划法》，进一步强调了城市改造过程中对历史街区实施整体保护的必要性。

美国于1906年颁布的《联邦文物法》是第一部有关史前文化遗产保护的法律；1979年颁布《考古资源保护法》；1990年颁布《美国原住民墓葬与赔偿法》，旨在保护美国原住民利益；1916年颁布《国家公园系统组织法》，使文化遗产周边景观得到整体关照；1935年颁布《历史遗址与古迹法》，将古迹等人文景观列入保护范畴；1966年颁布《国家史迹保护法》；1969年颁布《国家环境政策法》；1976年颁布《民俗保护法案》，并成立美国民俗研究中心。

《英国文化遗产保护法》由三个联邦法共同构成。通过制订城乡规划来实现人类对建筑类文化遗产的保护最早起源于英国。

日本于1871年颁布的《古器旧物保存方》是其国内第一部以政府令形式颁布的文物保护法律；在之后的100多年中，颁布了10余部保护法，内容涉及地下文物、艺术品、历史建筑、名胜古迹、天然纪念物以及无形文化遗产等方方面面。特别是1950年颁布《文化财保护法》，提出“有形文化财”与“无形文化财”两分法，对保护日本传统文化、促进国际社会观念的更新与法制建设都有重要作用。

韩国于1916年颁布的《古迹及遗物保存规则》是其国内第一部文化遗产保护法;1962年颁布《文化财保护法》,实施完善的、具有很强操作性的法制管理,建立了严格的奖惩制度。

中国于1930颁布的《古物保存法》,是我国第一部文物保护的法律法规;1950年颁布《禁止珍贵文物图书出口暂行办法》;1961年颁布《文物保护管理暂行条例》;1982年颁布《中华人民共和国文物保护法》;1990年颁布《著作权法》;1997年颁布《传统工艺美术保护条例》;2011年颁布《中华人民共和国非物质文化遗产法》。

国际公约的诞生：阿布辛拜勒至菲莱的努比亚遗址

遗产信息

- 中文名称：阿布辛拜勒至菲莱的努比亚遗址
- 英文名称：Nubian Monuments from Abu Simbel to Philae
- 遗产地址：埃及南部
- 遗产类型：文化遗产
- 批准时间：1979 年
- 评定标准：文化遗产标准 C (I) (III) (VI)
- 遗产评价：这一重要区域有大量极具考古价值的宏伟古迹，包括阿布辛拜勒(Abu Simbel)的拉美西斯二世神庙(Temples of Ramses II)和菲莱(Philae)的伊希斯女神圣殿(Sanctuary of Isis)。这些古迹在1960至1980年间曾险遭尼罗河涨水毁坏，多亏联合国教科文组织发起的国际运动，最终才幸免于难。

遗产特色

埃及努比亚遗址位于埃及南部与苏丹交界处。早在古埃及法老时代，法老们就在这里建造了许多城市、宫殿和寺庙，是尼罗河上游享誉盛名的遗迹群，是埃及古文明的艺术宝库。

努比亚地区最雄伟的建筑是阿布辛拜勒两座寺庙及菲莱神庙。阿布辛拜勒神庙可分为大小两庙，大庙由法老拉美西斯二世建造于1275年，于尼罗河岸的峭壁上凿出。神庙高约33米，宽约38米，纵深约60米，其中正面的四个巨大的雕像是法老拉美西斯二世本人，惟妙惟肖地再现了拉美西斯二世的形象。遗憾的是，其中一尊雕像的头部毁于地震，使雕像失去了完整性。另外，有些小雕像立在这四尊雕像的腿部，那是拉美西斯二世的孩子们和他那既是妹妹、又是妻子的尼菲泰丽。寺内石壁上刻满了图画和象形文字，描述拉美西斯二世当政期间的生活情景、与赫梯人为争夺叙利亚地区统治权而会战于卡迭石城的战况，以及努比亚地区人民的生活习俗。

离大庙不远处就是拉美西斯二世为其妻子尼菲泰丽修建的神庙，它同样是在悬崖上雕刻而成，规模略小于阿布辛拜勒神庙，故有小阿布辛拜勒庙之称。庙内塑有多尊神态自若、美丽动人的尼菲泰丽的塑像。尽管经历了3000多年，它们的神采依旧动人。

阿布辛拜勒神庙石壁

除此之外，埃及古代人民还创造出了举世无双的“日出奇观”，即每年的春分和秋分的早晨，太阳可以穿过 60 多米长的甬道，直接照射在寺庙最里面拉美西斯二世的雕像上，一瞬间使整个寺庙变得明亮。献给女神艾西丝和哈索尔的菲莱神庙是唯一一座融埃及法老时代的建筑风格和希腊-罗马建筑艺术于一体的综合性建筑。该神庙建筑在象岛上，得名于该岛受到许多来自非洲的大象的青睐，是祭拜女神的圣岛。努比亚古代遗址不仅体现了数千年前宗教建筑艺术的特点，也体现了古埃及人民的勤劳和智慧。

遗产保护

在 1959 年，为了消除尼罗河水患，变水患为水利，埃及政府决定要修建阿斯旺大坝和纳赛尔水库。但是，大坝和水库的建造将会提高尼罗河上游的水位，按照计划，当湖泊完全形成时，水位将高于阿布辛拜勒神庙 60 米，使原本位于尼罗河岸边的努比亚古迹面临着沉入湖底的噩梦。

幸运的是，当时的埃及政府认识到了努比亚文明的价值，也认识到单凭埃及的力量无法保护努比亚遗迹不被淹没，在危急之际向联合国教科文组织提出请求，希望得到国际社会的帮助。回应此请求，联合国教科文组织立即向各国发出拯救努比亚的呼吁，有 51 个国家做出反应。从 1960 年到 1980 年，许多国际组织和专家团体进行了 40 多次大规模的挽救古迹活动，古迹得到了很好的保护。

拯救古迹工程从 1964 年开始动工，分几个阶段进行，由世界各地的科学工作者、工程师、考古学家以及埃及工人们团结协作、辛勤劳动共同完成。1964 年迁移时，瑞典专家提出切割拆卸重新装配的方案，决定将神庙后移 180 米，比原址高 65 米。整个工程包括遗址重选、切割神庙、保存和加固、重建神庙这几个步骤，每一个步骤都考验了重建团队的硬件技术和团队合作精神。1969 年 9 月，这项耗资 3600 万美元的工程终于竣工。为纪念这一拆迁工程，重建团队在新址地下埋放了一本古兰经、两张埃及报纸和一些埃及硬币以及搬迁过程的文件。

重建团队先用钢板把古庙四周围起来，把里面的河水抽干，再用电割的方法把石体建筑分切成块，切割拆卸大庙时，要求石块尽量地大，接缝尽可能地小。每块重量一般为 20 吨至 30 吨。大庙被切成 807 块，小庙被切成 235 块。这些石块用起重机谨慎吊起，运至贮石场按编号存放。然后再运至新址按原样重新装配。神庙的装配工作，正面的接缝全部用与石头同样颜色的灰浆补严，几乎未留下任何切割过的痕迹，但庙内装饰面却特地使接缝明显，让游客与后人联想起神庙的搬迁。

1979年，努比亚古迹被列入《世界遗产名录》。然而，遗产保护工程并非到此结束。次年，努比亚博物馆正式破土动工，有纪念意义的是，这一年恰好是努比亚遗址国际保护运动20周年。努比亚博物馆按照古努比亚文明设计而成，具有浓厚的努比亚民族风格。该博物馆占地6000平方公里，它包括下列地点和古迹：埃列芬蒂诺岛、古王国和中王国时代的库贝特-哈瓦墓地、法老采石场以及未完工的方尖石碑、科普特教的圣·西米恩大修道院和法特米时期的伊斯兰墓地。在这座博物馆里镌刻着人类活动的历史，也折射出从公元前到公元后6世纪努比亚文明（地中海和非洲文明相互交融的产物）期间人类活动的足迹和环境。建成以后努比亚博物馆将作为数据中心，用来记录努比亚文明遗址保护运动过程中的所有考古、挖掘等工作成果。

保护模式

自联合国教科文组织发出呼吁那一刻起，拯救努比亚遗址标志着人类历史上首次联合起来保护文化遗址的行动。在挽救努比亚遗址的紧张、有序的合作中，是国家间的友好合作和团结互助战胜了自然和人为的危害，才将遗迹保存下来，使我们今天仍然能走到拉美西斯法老的雕像面前，一睹其雄奇，领略古代文明的魅力。

1. 过硬的技术创造奇迹

要从不断高涨的湖水中抢救这座同山合为一体的神庙，毫无疑问是一项挑战。最终，联合国与埃及政府选中了瑞典VBB工程事务所的分割重建的方案，将神庙分割后搬迁，将神庙正面的雕像和内部石室结构全部分割成块，运送到无论湖水如何上涨都不会被淹的地方重建。方案虽然确定，但是存在许多技术难题。要将这些超大的雕像和建筑分割拆除，难度系数本身就高，然而，还要将其在另地重拼更是难上加难。另外，重建团队还需考虑到切割的精确要求、精确测量手段、砂岩本身的强度能否在拆分过程中保持原样、神庙内部支撑结构以及砂岩的裂缝、地下水情况和排水系统、立体测绘图像技术、切割下来雕像的保存和巩固等技术。经过重重磨难，重建团队的迁移行动大获成功，切块移动和重新拼接后也没有留下太多的痕迹。努比亚遗址的分割重建拯救过程科技含量高，可谓是挑战当时人类的应用极限。

2. 建立古遗迹博物馆

在努比亚古迹被列入《世界遗产名录》的次年，努比亚博物馆正式破土动工。努比亚博物馆有着浓厚的努比亚民族风格，也折射出努比亚文明社会期间人类活动的足迹和环境，并且还记录了埃及和世界各国人民为努比亚遗址保护所作出的贡献和工作成果。这将给旅游者和参观者们普及知识，使之意识到遗址的保存和重建的艰难以及保持现状的难能可贵。

3. 积极争取国际社会援助

阿斯旺大坝和纳赛尔水库的建造带来尼罗河上游水位高涨，使努比亚遗址面临被吞没的危机，埃及政府立即作出反应，请求联合国教科文组织的援助。在联合国教科文组织的号召下，51 个国家和多个社会组织参与遗址的切割和重建过程。各国和各组织的考古学家、工程师、建筑学家、物理学家、地质学家都为努比亚遗址的保护做出各自的贡献。努比亚遗址被成功拯救有赖于国际社会各方的援助。

经验借鉴

努比亚遗址在遭遇被尼罗河水淹没的危机之后，各方有识之士万众一心、众志成城，使其在原遗址后 180 米处重建。不仅保持其主体结构和完整性，并且保有该遗址的“日出奇观”，成为古遗址群保护的典范。

1. 积极寻求和推动国际间的合作

为了更好地拯救和保护文化遗产，努比亚遗址的迁移和重建积极寻求和推动国际间的合作。就资金方面而言，这场工程总预算为 3000 万美元，联合国教科文组织出资 2050 万美元，余下的由埃及政府承担。大约有 50 个国家为拯救努比亚遗址捐款。在技术方面，努比亚遗址得到来自世界各地的科技人员的协助，在国际社会和组织的协助下，完成了这项艰难的任务。

2. 促成了《世界遗产公约》的诞生

努比亚遗址的拯救和重建的案例，使许多国家都意识到，只有各国并肩作战、友好合作、团结互助，才能使大规模的文化遗产得到保护，才能使许多建筑群和遗址群保存下来，才能使各种探索、发掘工作得到持续进行。与此同时，国际社会终于意识到，以一个国际公约的形式来统领全球的文化遗产保护事业十分必要。在《世界遗产公约》正式实施后，它在文化遗产保护事业中起到中流砥柱的作用，进行过多次文化遗产大抢救。世界遗产不属于一个国家、而是属于整个世界的观念也由此深入人心。

特许经营制度：夏威夷火山国家公园

遗产信息

- 中文名称：夏威夷火山国家公园
- 英文名称：Hawaii Volcanoes National Park
- 遗产地址：美国夏威夷岛
- 遗产类型：自然遗产
- 批准时间：1987 年
- 评定标准：自然遗产标准 N(II)
- 遗产评价：世界上最活跃的两个活火山——莫纳罗亚山（海拔 4170 米）和基拉韦厄火山（海拔 1250 米），就像两个巨塔俯瞰着太平洋。火山猛烈的喷发不断地改变周围的景观，熔岩流揭示了奇妙的地质构造过程。人类在这里发现了许多稀有鸟类、当地特有物种和大量的巨型蕨类植物。

遗产特色

夏威夷火山国家公园坐落于北太平洋中央的夏威夷岛东南部，面积约929平方公里。公园建立于1916年，主要包括著名的莫纳罗亚（Mauna Loa）和基拉韦厄（Kilauea）两座现代活火山，它们也是夏威夷火山国家公园的显著性标志。海底喷发而成的火山，造就了如珍珠串般的夏威夷群岛。国家公园内既有茂密的热带雨林和植被，也有蝙蝠、夏威夷雁、大鹰、乌鸦、夏威夷白腹水鸟等各种动物在此繁衍生息，是一座多姿多彩的自然生态乐园。

夏威夷火山公园两大火山之一的莫纳罗亚火山，是一座典型的盾形火山，是夏威夷第一大火山，海拔约4170米。它是地球上最为活跃的活火山之一，自1843年以来，共喷发过约35次。流出的熔岩总量达4.6亿立方米，火山的大火山口被称为“莫卡维奥维奥”，意为“火烧岛”。至今山顶上还有好几个锅状的火山口。

基拉韦厄火山海拔1250米，为岛上第二大火山。基拉韦厄在夏威夷语中为“喷涌”或者“四处散播”的意思。火山口岩浆时常喷涌而出，火山也因此得名。

相传夏威夷火山是女神佩里之家，她时常云游太平洋诸岛。赫尔莫莫火山口开始活动，就是为了迎接女神佩里远游归来。

火山喷发场景

因其可以预测火山喷发时间及火山熔岩的流向，这里成为地质学基础性调查和研究的理想场所，因此，这里已成为世界上最重要的地震火山研究中心。

遗产保护

夏威夷火山国家公园于1961年根据美国国会法令建立，1980年成为教科文组织生物圈保护区。1987年根据自然遗产评选标准N(Ⅱ)被列入《世界遗产名录》。

美国的每一个国家公园都有独立的立法，它对自然文化遗产的保护有完善的法律体系，夏威夷火山国家公园亦如此。美国以联邦法律为依据来设立国家公园局，制定各项政策。20多部联邦法律和几十部规则、标准和执行命令，既避免了国家公园局与国防部、林业局等之间的矛盾，也保证了国家公园作为国家遗产在联邦公共支出中的财政地位。1987年申遗成功后，夏威夷火山国家公园即确立了“保护独特的自然、文化和历史景观，供广大民众欣赏和享用”的保护宗旨和目标。

夏威夷火山国家公园的管理机制得力有效。美国国家管理局对夏威夷火山国家公园实行垂直管理，夏威夷火山国家公园管理局则代表国家对园内的自然、文化和历史资源进行管理。管理局是非营利政府机构，所有经营活动都必须通过特许经营由商业公司运作，管理局与经营活动没有任何利益关系。

夏威夷火山国家公园最大的部门是规划部和资源科学部，它们的职责是通过规划为公园保护、可持续发展导航和通过科学研究为公园提供技术保障和支持。资源科学部每年还通过发放许可证的方式允许世界各地科学家和研究者在园内开展约300个项目的研究。

坐落于公园内基拉韦厄火山口边缘的夏威夷火山观测站建于1912年。观测站主要密切监视地面变形、气体外溢、电力、磁力和重力场的变化、熔岩活动和地震预测活动，在公园保护和管理方面发挥着重要作用。

保护模式

1. 建立完善的国家公园管理系统

美国拥有一套完整的国家公园管理系统，实行国家、地区和基层管理的三级垂直领导体系，内务部下属的国家公园管理局(National Park Service，简称NPS)是最高行政机构，主要负责全国国家公园的管理、监督、政策制定等。下设地区办公室，这些地区办公室直接管理所属区域的各国家公园管理处，地方政府不允许插手国家公园的管理。国家公园管理处以“管家”自居，主要负责公园内的资源保护、参观游览、教育科研等项目的开展及特许经营合同出租。

2. 实行特许经营制度

《特许经营法》1965 年在美国国会通过，它要求在国家公园体系内全面实行特许经营制度。公园内的餐饮、住宿等旅游服务设施必须向社会公开招标，经营上与国家公园无关，国家公园不能从事任何营利性的商业活动。1998 年美国国会又通过了《1998 年国家公园综合管理法》(National Parks Omnibus Management Act of 1998)，要求从 1999 年起，所有的特许经营收入存入美国财政部的一个特别账户，每个公园在这一账户下有一个次级账户，每个公园特许经营收入的 80%存入这一次级账户，由公园改善游客服务或为一些优先或紧急项目提供资金，其余 20%由 NPS 在整个国家公园内调剂使用。

3. 妥善运用人力资源

国家公园的管理者分为法律实施者、导游、一般工作人员和公园管理者四个系列。他们以“管家”的身份，为实现资源永续发展、保证当代和子孙后代能够平等地享有这些资源而从事接待、安全、咨询、资源保护、考古等任何与公园有关的活动。目前全美国家公园中约有 1350 名正式管理者。此外，每年旅游旺季还会雇用一定数量的季节工。每年国家公园系统都会招募大量来自不同国家和地区的不同种族、不同年龄的志愿者，他们在国家公园中主要从事导游讲解等工作。1990 年起，志愿者人数以每年 5 倍的速度递增，目前整个国家公园系统中共有 340 个独立志愿者项目。

经验借鉴

1. 伦理观念明晰了管理者定位

遗产保护中的最主要矛盾是保护与利用之间的矛盾，而保护与利用都是依靠管理这个手段来实现的。管理者自身的定位，将直接影响到遗产保护的最终效果。美国国家公园的管理者不把自己定位于业主的角色，而是把自己定位于管家或服务员的角色。他们认为管理者只有对遗产进行照看和维护的义务，没有随意支配的权利，当代和子孙后代的全体美国公民才是国家遗产的继承人。这种遗产保护中的伦理观念，在我国的遗产保护中有极大的借鉴意义。中国国家的各类世界自然文化遗产的管理者也应树立起服务的观念，树立起遗产是全中国人民及子孙后代和全世界人民的共同财富的理念，任何管理政策和建设行为都要站在全体国民和子孙后代的立场上去进行权衡和取舍。

2. 规划决策系统保证了科学管理

科学的规划决策系统是保证世界自然文化遗产有效管理的有力工具。如美国就在夏威夷火山国家公园里实行用地管理分区制度、公众参与、环境影响评价、总体管理规划——实施计划——年度报告三级规划决策体系。而我国目前在遗产地规划决策方面与先进国家相比差距较大，主要表现在规划的可操作性不够、决策过程科学性不够、公众参与程度不够等。建议我国学术界应与相关政府部门通力配合，尽快出台和充实完善有关遗产保护管理方面的规范、指南、制度和其他政策性文件，以保证最终形成符合我国实际的、切实有效的规划与决策体系。

3. 特许经营制度避免了管理弊端

美国国家立法规定：国家公园管理机构是纯联邦政府的非营利机构，专注于自然文化遗产的保护与管理，日常开支由联邦政府拨款解决。国家公园本身不能从事任何营利性的商业活动。特许经营制度的实施，形成了管理者和经营者角色的分离，避免了重经济效益、轻资源保护的弊端。建议我国国务院也可选择一两个国家重点风景名胜区作为试点，由中央政府而不是地方政府直接管理，并试行特许经营等先进的管理制度，取得经验后再进行广泛推广。

规划与监测机制：哈德良长城

遗产信息

- 中文名称：哈德良长城
- 英文名称：Hadrian's Wall
- 遗产地址：英国不列颠岛
- 遗产类型：文化遗产
- 批准时间：1987 年
- 评定标准：文化遗产标准 C(II) (III) (IV)
- 遗产评价：122 年，哈德良国王命令在英格兰和爱尔兰边界上修筑一条长约 118 千米的长城。哈德良长城既是当时军事领域中重要的组成部分，也有力地说明了当时罗马人的技术水平、战略思想和地质学的发展。

遗产特色

该遗产现在的名称为罗马帝国的边界(Frontiers of Roman Empire)，包括德国的上日耳曼-雷蒂安边墙与英国的哈德良长城。哈德良长城是一条在英格兰和爱尔兰边界上长约 118 千米的长城，由罗马帝国的哈德良大帝指挥罗马军队于 122 年修筑，是罗马帝国扩张达到极限的标志。它从建成到弃守，一直是罗马帝国在不列颠岛上的西北边界。哈德良长城是当时军事领域中重要的组成部分，它包括城墙、瞭望塔、里堡和城堡等，完整地代表了罗马帝国时代的戍边系统，也有力地说明了当时罗马人的技术水平、战略思想和地质学的发展。

哈德良长城东起泰恩河口，西至索尔韦湾海岸，横贯不列颠岛的颈部，高约 5 米，宽 2.5—3 米。整条长城全部用石块筑成，共用了约 75 万立方米的石头，城墙上本来还有木栅。城墙的南北两侧挖有约宽 3 米深 9 米的壕沟。南壕沟离城墙较远，两侧有土堤护卫，壕沟与城墙之间有一条军用道路。北壕沟两侧无土堤，离城墙较近。少数军队驻守在城墙上，大部分军队驻扎在长城的南面。哈德良长城每隔 1.5 公里左右就建有一座里堡，里面约容纳 60 人。在两座里堡之间有两座作为哨所的塔楼。遇有敌情，同中国长城的狼烟烽火一样，塔楼的警卫则以烟火为信号，沿长城迅速传递警讯。长城沿线还建有 16 座要塞，每座要塞能容纳 500—1000 名士兵，里面有指挥部、营房、粮仓、医院甚至庙宇等。沿线驻守有 1 万多骑兵和步兵。他们来自罗马帝国各地，独立编制，保留各自习俗、宗教，人数多的建有自己的庙宇。

哈德良长城上的防御堡垒遗迹

138年哈德良大帝去世后，继位的安东尼突破了这条边境线，向北推进160公里，在苏格兰境内新建了一条长60公里的边墙和更多堡垒。但安东尼一直无法征服北方部落，到164年马里奥里略继位时，被迫退回到哈德良长城内。这条边境一直保持到407年，在凯尔特人的入侵下罗马军队撤出不列颠，这条城墙最终成为了废墟。但是，哈德良长城至今仍然宏伟地逶迤在陡峭的险崖之上，是英国最引人入胜的景观之一。

遗产保护

几个世纪以来，哈德良长城由于废弃而不被人所重视，城墙上的石块经常被附近的人们拆去建房子，甚至一些地方因使用炸药开采而破坏严重。18世纪，哈德良长城有很长一段被平整后铺了公路。

1964年，在科布里奇和文多赖达两处遗址发现古罗马时期的重要文物，引起了人们对这条早已荒废的长城的注意。在遗址中，人们发现一个木质棋子，上面有公元2世纪的罗马纹章，又发现一批论述罗马给养和人事问题的木简，引起世界的巨大轰动。

1987年，哈德良长城被列为联合国教科文组织世界遗产。

1996年，由英格兰遗产委员会负责编制的《哈德良长城管理规划(1996—2001)》公布，哈德良长城成为英国历史上第一个编制管理规划的世界遗产地。

1997年，英国报经世界遗产委员会批准，通过设置哈德良长城世界遗址的边界和缓冲区申请。不过其覆盖范围仅包括受1979年《古迹和考古区域法案》所保护的在册古迹，并未覆盖哈德良长城的所有长度。

2002年，英格兰遗产委员会修订的《哈德良长城管理规划(2002—2007)》公布。

2005年，它又成为“罗马帝国的边疆”世界文化遗产地。

2006年，哈德良遗产有限公司成立，专门负责哈德良长城的经营和管理。

哈德良长城兵营遗址

2008年，由哈德良遗产有限公司修订

的《哈德良长城管理规划(2008—2014)》公布。

2010年，根据在册古迹名录的调整、考古研究的新发现和保护管理现实需求，以及2002年、2008年新修订规划对遗址范围的调整和延伸，哈德良长城世界遗产的边界向外扩展1—6公里作为缓冲区，以加强对哈德良长城的保护和管理。

保护模式

1. 统一的管理规划

英国政府重视对文化遗址保护的长期规划和统一管理，不仅确定未来5年内的中期目标，也制定未来30年保护管理工作的长期指导原则。自1996年《哈德良长城管理规划(1996—2001)》首次编制公布后，2002年、2008年又分别对管理规划进行了修订，且每轮规划的制订都必须向相关专家咨询，邀请多方参与，并向公众咨询，然后公布。在哈德良长城的宣传介绍上，同样强调统一性思想。把长城各部分遗址与其他相联系的事物视作一个统一整体，比如它的地理位置、景观和自然环境等，强调遗产自身各部分的统一，以及它的文化和自然遗产之间的相互依存关系，突出遗产的整体价值和遗产地的定义。管理规划中提出的基本要求成为英国世界遗产保护工作的基本思路。《哈德良长城管理规划》确认的保护工作的四项要求是：第一，重视保护考古遗址和周围有特色的自然与人文景观；第二，发展与世界遗产保护相符合的农牧业体系，防止现代农牧生产方式导致原有景观的改变；第三，规划合理的旅游路线和方式，推动旅游业的可持续发展；第四，以遗产的开发管理带动地区乃至全国的经济发展。

在制订遗址管理规划的同时，英国相关管理机构及各政府部门也积极实施遗址开发与社区发展的规划协调，以实现遗址保护与地方社区发展的双赢。哈德良长城遗址由于管理得当，使遗址的开发、经营、保护与地方社区经济的发展形成了长期的良性循环。合理的规划管理使遗址得到有效保护，同时也大大扩充了遗址的旅游开发空间，景区由1987年申遗时的5个增加到现在的11个。此外，遗址保护管理规划也充分将遗址的人文与自然景观保护和社区经济发展紧密联系，将当地的经济结构和就业结合起来，使当地居民经济上大受其惠。如发展可持续的农牧业以保证遗址需要的人文与自然景观，考虑当地人的需要，获得他们的理解与合作。通过加强当地居民的参与，使人们认识到哈德良长城在文化、经济和历史环境诸方面的相互联系，增强对遗址的认同感和主权感。又如，在遗址的保护和开发的过程中，哈德良长城管理规划会把失业率较高的地区作为优先考虑对象，创造新的就业机会达 6000 多个，年收入高达 1.34 亿英镑。

2. 定期的监测机制

在对哈德良长城的管理和保护中，政府不仅注重管理规划，还重视监测管理，利用一切机会改善长城的保护工作。在对哈德良长城遗址的保护上，英国政府及地方部门实行定期的监测保护机制，以监控长城保护的状况以及相关各方面的实施管理。为此国家建立了相关组织和机构来协调、监测遗产及社区的发展。一是国家对遗产保护的重大事项实行专家咨询制度，国家对遗产的保护实行定期的监测巡视。二是对遗产地的保护状况进行定期检查，主要监测遗产地对遗产的保存状况、环境变化，对监测变化作详细记录与说明，并向有关部门定期提交报告和建议，同时组织国际专家及顾问对遗产进行全面或专题的考察和评估。此外，对遗址的监测也包括对其资金制度的监控。各景区的门票收入往往由地方政府处理，但只能用于维护景区及其服务设施以及发放景区工作人员的工资，而不能挪作他用。

经验借鉴

哈德良长城的保护制订了明确的管理规划，以确定若干年内遗址保护各方面要达成的目标要求，有效指导了遗址保护、开发和管理工作的实施，实现了遗址保护开发与社区经济的发展协调。遗址保护的定期监测机制，加强了对遗址保护状况的及时了解，为进一步制定相关政策和管理规划调整等提供了评估依据，有利于调用一切可行机会改善长城的保护工作。此外，在重建仿建问题上，哈德良长城遗址严格遵守“保护为先”的原则，强调世界遗产的价值真实。对遗址不论“重建”还是“仿建”，其目的都是要保护好遗址本身，绝不能覆盖、取代或破坏原址，并且能够帮助游客加深对遗产的历史背景和独特价值的理解。

英国在对哈德良长城遗址的管理规划方面具有非常成功的经验，值得我们借鉴。首先，英国将编制和实施管理规划作为处理遗产地各类问题和落实各项保护管理政策的重要工具。其次，对世界遗产管理和保护中涉及的各类遗产按照相关的法规政策进行管理，并加强国家保护政策的制定。再次，设立历史建筑和纪念委员会、哈德良有限公司等这样的专门管理机构负责遗产的管理规划和日常管理。针对世界遗产规划和保护管理制定各种法案，并征求公众意见，加强对遗产地的保护和管理。此外，及时修订管理规划，调整规划内容和范围等。如《哈德良长城管理规划》现制订和修订过三次，做到对遗址保护现状的及时掌握和充分评估。最后，将遗址保护的管理规划与地方经济、社会发展需要长期协调统一。做到在开发和利用遗产资源的同时，既能有效保护遗址地的自然与人文景观可持续发展，又能够与地方经济发展和人们就业需求结合起来。如哈德良长城在制订新的管理规划时，充分认识到如果没有当地可持续的农牧业发展，哈德良长城周围的人文与自然景观将发生巨大变化，从而会对遗址保护本身构成严重打击。又如在整体规划中考虑到地方利益最大化，哈德良长城旅游的繁荣可以使区域经济和地方经济受益。像“哈德良意味着商业”项目就促进了遗址 10 英里内 50 家中小企业的发展。为当地居民创造就业机会，极大提高人们对遗址重要性的认识和自觉保护。

这一点，对我国频繁出现的世界遗产过度开发、破坏严重等现象具有很好的借鉴意义。同时对我国文化遗址保护规划的制订和及时修订具有很好的鞭策作用。虽然 2006 年文化部出台有《世界文化遗产保护管理办法》，要求世界文化遗产地编制保护规划，但实际操作中大多数世界遗产地都没有规划；即使有规划，其具体实施和定期修订的情况也不容乐观。

此外，与先进国家相比，目前我国对世界文化遗产的全面监测机制和管理信息系统建设方面还存在很大差距，遗产管理的各部门、遗产景区与社区间的协调机制也基本没有建立，因而其监测和调节也是初步和不完善的，遗产的开发保护与经济的协调发展之间缺乏互动。只有在科学管理、协调管理和监测等方面建立一系列制度和相关组织机构，才能促进遗产保护和社区发展的互动。

哈德良长城遗址出土的画像砖

独立立法：拉萨布达拉宫历史建筑群

遗产信息

- 中文名称：拉萨布达拉宫历史建筑群
- 英文名称：Historic Ensemble of the Potala Palace，Lhasa
- 遗产地址：中国西藏自治区拉萨市
- 遗产类型：文化遗产
- 批准时间：1994 年，2000 年，2001 年
- 评定标准：文化遗产标准 C(I)(IV)(VI)
- 遗产评价：布达拉宫自公元 7 世纪起就成为达赖喇嘛的冬宫，象征着

藏传佛教及其在历代行政统治中的中心作用。布达拉宫，坐落在拉萨河谷中心海拔3700米的红色山峰之上，由白宫和红宫及其附属建筑组成。大昭寺也建造于公元7世纪，是一组极具特色的佛教建筑群。建造于公元18世纪罗布林卡，曾经作为达赖喇嘛的夏宫，也是西藏艺术的杰作。这三处遗址的建筑精美绝伦，设计新颖独特，加上丰富多样的装饰以及与自然美景的和谐统一，更增添了其在历史和宗教上的重要价值。

遗产特色

布达拉宫是西藏的政治和宗教中心，也是西藏历史的博物馆，坐落于中国西南部西藏自治区拉萨市中心的红山上。“布达拉”为梵语“普陀”的音译，原指观世音菩萨所居之岛，故布达拉宫俗称“第二普陀山”。

布达拉宫规模庞大，气势宏伟，依山而建，占地面积36万余平方米，主建筑共13层，高117米，是世界十大土木建筑之一。主体建筑包括白宫、红宫以及周边与之相配套的各种建筑。白宫是历代达赖喇嘛进行政治、宗教管理的地方；红宫是供奉历代达赖喇嘛灵塔以及进行各种宗教活动的场所。从五世达赖喇嘛开始，布达拉宫就成为历世达赖喇嘛的冬宫，也是西藏地方统治者政教合一政权的统治中心，重大的宗教、政治仪式均在此举行。

布达拉宫体现了藏族传统的石木结构碉楼艺术，又结合汉族传统的梁架、金顶和藻井特点，空间层次繁多，富有美感。无论宫殿布局、土木工程，还是金属冶炼等，它都体现了藏民族建筑科学的成就，是藏族古代建筑和中国古代建筑艺术的杰出代表，享有“世界屋脊上的明珠”的美誉。

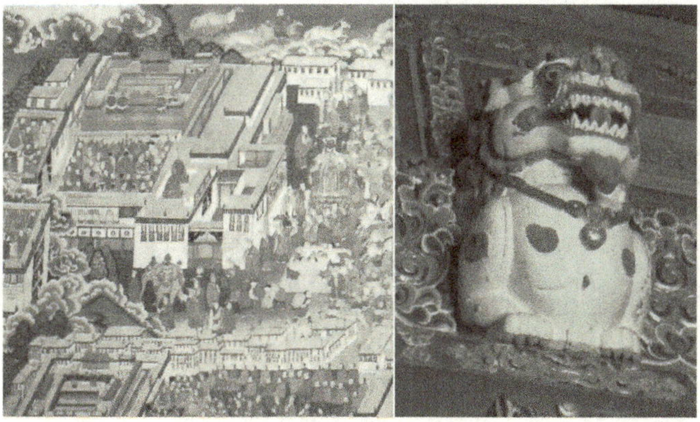

布达拉宫的壁画与雕饰

布达拉宫的建筑中蕴藏了藏、汉、蒙等民族在文化、艺术、宗教等方面的卓越成就。300 余年来，布达拉宫收藏和保存了极为丰富的历史文物。其中有 2500 余平方米的壁画、近千座佛塔、上万座塑像、上万幅唐卡（卷轴画）；还有贝叶经、甘珠尔经等珍贵经文典籍；明清两代皇帝封赐达赖喇嘛的金册、金印、玉印以及大量的金银品、瓷器、珐琅器、玉器、锦缎及工艺珍玩，这些文物绚丽多彩、题材丰富。布达拉宫还珍藏着大量书籍，从佛教经典到医学、天文、历算，十明（十类学问）学科无所不有。这些文物对于研究西藏的政治、经济、历史、文化等都具有重大的价值。

大昭寺位于拉萨市区的东南部，始建于唐贞观二十一年（647 年）。先后被称为“惹刹”“逻些”等，9 世纪改称“大昭寺”，意为“存放经书的大殿”，清代又称其为“伊克昭庙”。它是西藏地区最古老的一座仿唐式汉藏结合木结构建筑。大昭寺的主要建筑为经堂大殿。大殿高 4 层，建筑构件为汉式风格，柱头和屋檐的装饰则为典型的藏式风格。大殿的一层供奉有唐代文成公主带入西藏的释迦牟尼金像。二层供奉松赞干布、文成公主和赤尊公主的塑像。三层为一天井，是一层殿堂的屋顶和天窗。四层正中为四座金顶。佛殿内外和四周的回廊满绘壁画，面积达 2600 余平方米，题材包括佛教、历史人物和故事。此外，寺内还保存了大量珍贵文物，寺前矗立的“唐蕃会盟碑”，更是汉藏两族人民友好交往的历史见证。

大昭寺的金顶

罗布林卡位于布达拉宫西侧约 2 公里的拉萨河畔。“罗布林卡”藏语意为“宝贝园”。18 世纪中叶，七世达赖在此建正式宫殿格桑颇章，名为罗布林卡，为历世达赖处理政务和进行宗教活动的夏宫。1954 年，中央人民政府为十四世达赖修建达旦明久颇章(俗称新宫)，形成了今天罗布林卡的规模。罗布林卡的占地面积约为 360 万平方米。园内有植物 100 余种，不仅有拉萨地区常见的花木，而且有取自喜马拉雅山南北麓的奇花异草，还有从内地移植或从国外引进的名贵花卉，堪称高原植物园。罗布林卡由格桑颇章、金色颇章、达旦明久颇章等几组宫殿建筑组成。各组建筑均以木、石为主要材料建成，规划整齐，具有明显的藏式建筑风格。主要殿堂内的墙壁上均绘有精美的壁画。此外，罗布林卡内还珍藏有大量的文物和典籍。

罗布林卡

遗产保护

641 年(藏历铁兔年)，布达拉宫由吐蕃松赞干布兴建，当时称“红山宫”。后因雷击和战乱严重破坏，并随着吐蕃王朝的没落而逐渐毁弃。

17 世纪时，五世达赖喇嘛在红山宫的旧址上重新修建了宏伟的宫殿，称“布达拉宫”。

1645 年(藏历木鸡年)，五世达赖喇嘛为巩固政教合一的甘丹颇章地方政权，由第司索朗绕登主持重建了布达拉“白宫”及宫墙城门角楼等，并把政权机构由哲蚌寺迁来。

1690 年(藏历铁马年)，第司桑杰嘉措为五世达赖喇嘛修建灵塔，扩建了“红宫”。1693 年(藏历水鸡年)工程竣工。以后，历世达赖喇嘛增建了 5 个金顶和一些附属建筑。特别是 1936 年(藏历火鼠年)，十三世达赖喇嘛的灵塔殿建成后,形成了布达拉宫今日的规模。

1959 年以后,中共中央和国务院十分重视布达拉宫的维修和保护,常年拨给专门维修经费。

1961 年,布达拉宫列为中华人民共和国第一批重点文物保护单位。

1989 年 10 月到 1994 年 8 月,国务院决定拨出巨款对布达拉宫进行大规模的维修。历时 5 年的布达拉宫一期维修工程,共计耗资 5500 万元及大量黄金和白银,主要涉及布达拉宫红宫 7 层、白宫以及附属建筑等。重点对地面建筑所涉及的腐朽梁柱进行了更换和加固,同时还对影响布达拉宫消防隐患的电线线路进行了彻底改造,基本消除了布达拉宫地面建筑的重点安全隐患。

1994 年 12 月 17 日,联合国教科文组织所属世界遗产委员会将布达拉宫列入《世界遗产名录》,后来拉萨的大昭寺也进入名录。

2000 年,国务院拨款 1.7 亿元主要用于地下宫殿的加固、屋面修缮及防雷设施的修建。2001 年,中央再拨专款 3.3 亿元,启动布达拉宫二期维修工程和罗布林卡、萨迦寺的维修工程。

2001 年 12 月,罗布林卡也被补充加入布达拉宫世界文化遗产。

2002 年至 2007 年,国家对布达拉宫进行了第二次大规模维修。重点放在对布达拉宫建筑基础的加固。

保护模式

1. 逐步实施单独立法

1997 年前,对布达拉宫的保护,依据《文物保护条例》《寺庙文物管理暂行条例》《文物单位消防安全管理办法》《流散文物管理暂行规定》等由国家、西藏自治区等制定的非针对性的一般性法律法规,而 1997 年 11 月 18 日《西藏自治区布达拉宫保护管理办法》的颁布,标志着专门针对布达拉宫世界文化遗址保护独立法规的开始实行。此后根据实际保护的经验总结,对布达拉宫的专门立法不断进行修订完善。2009 年 3 月 1 日修订和颁布了《布达拉宫保护管理办法》,用以取代前法的不足。2012 年 3 月,西藏自治区政府修订、颁布了《西藏自治区布达拉宫保护办法》,为新形势下布达拉宫的保护提供了更加具体和切合实际的法规依据。最新的保护办法由 33 个条款组成,与旧法相比,对布达拉宫的保护范围和具体措施以及法律责任的追究等方面进行了补充和细化,增加了关于应急预案、保护工作专家咨询制度和进出布达拉宫人数控制的条款。这是目前西藏地区唯一针对某一文物建筑群而发布的保护性法规。

2. 重视日常维护和危情维修

国家和西藏自治区对布达拉宫的维护和修缮，除先后两次投入大量资金进行系统维修，还非常重视日常的维护，及时进行危情维修。随着维护工作的深入，对一些危情进行维修成为维护的重点工作。布达拉宫出现的任何危情，都迅速引起中央和国家有关方面的高度重视，做到及时完好修缮。

3. 限制参观人数

由于旅游业的快速发展，参观布达拉宫的人数急剧增加，但布达拉宫建筑全为土木结构，其承载能力有限。为了更好地保护布达拉宫本体建筑，减轻文物载荷，西藏从 2003 年开始对布达拉宫每天参观人数进行限制。2006 年 7 月起，针对青藏铁路通车后旅游业迅猛发展的新形势，西藏规定布达拉宫每天接待人数不超过 2300 人。

经验借鉴

布达拉宫作为世界文化遗产，不仅是西藏的，更是全世界的，如果不用严格的手段和方法进行管理和保护，就不能使其真正地体现文化遗产的价值，也无法让下一代人了解布达拉宫所承载的历史和文化内涵。特别要指出的是，布达拉宫和大昭寺的遗产保护由一般立法保护向独立法保护的逐步实施，代表了中国文化遗产保护法制化的发展过程。

自布达拉宫成为世界文化遗产以来，西藏自治区政府在《文物保护条例》《寺庙文物管理暂行条例》《文物单位消防安全管理办法》《流散文物管理暂行规定》等十几个法规的基础上，专门制定和颁布了针对布达拉宫世界文化遗址保护的独立法规。1997 年 11 月 18 日，西藏自治区人民政府发布的《西藏自治区布达拉宫保护管理办法》，使这一世界文化遗址的保护工作走上了法制化、规范化轨道。对布达拉宫保护的独立立法，遗址的保护范围、隔离范围，以及遗址文物管理标准、维护方式和环境内涵等内容的明确规范，不仅使遗址的物质环境保护和行政管理得到强化，也突出了文物保护的独特法律优势。

布达拉宫文化遗产保护的独立立法，适应了联合国教科文组织世界遗产委员会突出遗产完善保护的要求，有效地保护了遗产的完整性。这一专门独立立法在国内重大文物遗产的保护举措上具有特殊意义和引领价值，也在国际上受到了关注，表明中国的文物保护制度、法规日趋完备，已基本形成以《文物保护法》为核心，以行政法规为支撑，以部门规章、地方性法规、地方政府规章、各种规范性文件和行业标准规范为基础的文物保护法律法规体系。

缓冲区与濒危制度：科隆大教堂

遗产信息

- 中文名称：科隆大教堂
- 英文名称：Cologne Cathedral
- 遗产地址：德国科隆市中心地带
- 遗产类型：文化遗产
- 批准时间：1996 年
- 评定标准：文化遗产标准 C(I)(II)(IV)
- 遗产评价：哥特式科隆大教堂始建于 1248 年，历经几个阶段的修建，直到 1880 才建成。在修建科隆大教堂的 7 个世纪中，一代代建筑师们秉承着相同的信念，做到了绝对忠实于最初的设计方案。除了其自身的重要价值和教堂内的艺术珍品以外，科隆大教堂还表现了欧洲基督教经久不衰的力量。

遗产特色

位于德国科隆市中心的科隆大教堂全名“查格特·彼得·玛丽亚大教堂”，是德国最大的教堂，以轻盈、雅致闻名于世，是欧洲中世纪哥特式建筑艺术的代表作，堪称世界上最完美的哥特式教堂建筑。教堂占地 8000 平方米，建筑面积约 6000 平方米，南北宽 86.25 米，东西长 144.55 米。它是一个以两座最高塔为主门、内部以十字形平面为主体的建筑群。教堂一共有五进，内部空间挑高又加宽。建筑物由 16 万吨磨光石块砌成石笋状，整个工程共耗费 40 万吨石材。教堂中央是两座与门墙连砌在一起的孪生连体双尖塔，南塔高 157.31 米，北塔高 157.38 米，整个教堂呈灰褐色，左塔(北塔)有半截呈银白色，在夕阳的照耀下，一个鲜亮白净，一个灰头土脸，泾渭煞是分明。教堂的每个构件都十分精确，专家学者们至今也找不出当时的建筑计算公式。

科隆大教堂始建于 1248 年，竣工于 1880 年，历经 7 个世纪，各个时期的建筑者们都坚持同样的信仰而且绝对忠实于原定计划。因此，科隆大教堂还表现了欧洲基督徒的力量和耐力。在第二次世界大战中，科隆市遭受了 262 次空袭，有 2 万人伤亡，被毁坏的城市建筑占 70% 以上，老城几乎全部被毁，但科隆大教堂却因为盟军的特别保护，奇迹般较为完好地保留下来。

遗产保护

1945 年 3 月，科隆战事结束，清理和重建工作开始，人口也持续迅速增长。而在大规模的住房建设中，虽产生了许多外观平凡的新建房屋，但重建工作大体上仍是依照城市原有道路网络进行，为古建筑保护、传统风貌恢复工作提供了良好的基础。科隆市政府为了保存古迹，规定城内所有建筑不得高过大教堂，因此当地建筑多为七八层。

1979 年，科隆市议会设立了若干“历史保护区”，其中就包含大教堂所在区域。

1980 年后，这些保护区并没有被用作文化遗产保护的工具，同时市议会也未再在 1979 年历史保护区的基础上设立新的保护区。

1993 年始，科隆市城镇规划和建设管理局就针对内城高层建筑的选址进行了公开讨论研究，位于莱茵河右侧的道依茨区的选址方案得到了认可。

1999 年，迫于科隆商品交易协会要求推动科隆经济发展的压力，管理局依据 1993 年的选址方案举行了全国建筑设计竞赛。获得第一名的方案是一个包括5栋高层建筑(高度100—130米)的开发项目。尽管遭到了包括政府办公室、历史纪念物保护学会和国际古迹遗址理事会德国分会在内的多方反对,但管理局还是于2002年启动了其中两项工程。与此同时,另外一项离大教堂的经度轴线向南仅数百米之遥的高层工程计划也在紧张的筹备之中。而这一项目没有进行任何咨询,并且在没有任何建筑许可的情况下即开工建设了包括底层在内的五层高的部分。在媒体的一片质疑声中,市长虽在2003年允许公开讨论,但他坚持完成这个开发项目。

2004年7月6日,在中国苏州召开的第29届世界遗产委员会会议上,科隆大教堂被列入《濒危世界遗产名单》。

2005年末,科隆市议会决定撤销两项开发工程计划,并重新评估高层建筑建设选址。

2006年,科隆市议会正式放弃在大教堂周边兴建高层楼群的计划,还就大教堂周边设置有效的缓冲区提出了新的方案。

2006年7月10日,科隆大教堂在立陶宛维尔纽斯召开的世界遗产会议中成功地脱离了《濒危世界遗产名单》。

保护模式

1. 主次分明,与传统相协调的从属环境

调整后的科隆大教堂缓冲区充分体现了大教堂与周边景观的整体性。它囊括了旧城区的主要部分以及以大教堂的视廊位置为顶点的三角形区,可将科隆五座历史悠久的教堂尽收眼底,展现了层次分明又完整的视觉效果。

1967年后,大教堂周围的街道和建筑群按照原来的城市肌理进行了重建,保留了更多原有的感觉。例如,石铺路上架起一座破碎的罗马式拱门,地下停车场保留了罗马人石筑的防御墙。大教堂附近著名的商业步行街——霍赫街狭窄的尺度继承了古罗马风格,十分适合步行穿梭。而另一条商业街——谢尔德盖斯街虽然较宽阔,但是街道两侧依然保留了一些历史建筑,同时通过新材料和新功能改建,形成了既多样又统一的街景。

2. 步行区域与经济振兴、环境改善策略相结合

从1967年开始,科隆最繁华的商业街被改为步行街,科隆核心的步行区从大教堂延伸到周边。并且引入了复兴零售业和新开发项目,带动了当地的旅游业和经济发展的同时也保留了周边环境的文化气息。如霍赫街沿街多是中等价位的特色商品、时装及珠宝店,颇具地方特色,而谢尔德盖斯街的两侧

集中了很多大型百货商店和著名品牌的专卖店。两条街道虽定位不同，但恰好做到了优势互补。

3．延伸开放空间，构造人性化的游览服务

大教堂广场(Domplatze)是科隆步行系统的核心。广场集文化场所(如博物馆、教堂、剧院)和娱乐场所(如商场、酒吧、餐厅)于一体，硬质设施(如桌凳座椅、雕塑小品)和软质设施(如景树花卉、草坪喷泉)相得益彰，又因其紧邻火车站和四通八达的交通优势使之成为游客观景和休憩的重要场所。由于近年对科隆大教堂周围广场的修缮，步行系统更加丰富和便捷。街桥和升降梯连接了大教堂和火车站前的步行广场，而步行广场又连通了步行区的任一部分。从霍赫街向南再往东走到莱茵河畔，再沿河返回大教堂，可以形成一条环形步行线路；再远可以沿滨水步道走上两座跨越莱茵河的桥梁，从而遍览科隆精华，还可以从附近的码头直接乘船进入下一段游程。

科隆大教堂全景

4．深化文化内涵，激活和传承文化遗产的精神

科隆狂欢节被人们认为是全德国最盛大也最为疯狂的狂欢节，于每年11月11日11时11分在老市场上正式开幕。人们为了纪念并迎接即将到来的大斋戒期而投入到这场狂欢之中。游行是狂欢节的重头戏，路线总长7公里，途经科隆大教堂。在浩浩荡荡的游行队伍中，有着上千个表演团队，每个方阵都有自己的乐队、花车和独具特色的服装，令人目不暇接。身着18世纪军服的士兵会进行滑稽的军乐队表演。盛装的狂欢者不停地向观众抛掷花束、糖果，分发小瓶香水。这样的狂欢场面一直持续5个小时，平时一向严谨的德国

人，在这天终于也疯狂了。通过举办这样大型的传统节庆活动，增添了科隆古城及其文化遗产的活力和时代气息，也增强了科隆人对历史和城市文化的认同感，有利于该地区特色历史文化的传承和发展。

科隆狂欢节

经验借鉴

在近年来的发展中，作为世界遗产的科隆大教堂，其保护也同样面临着与城市建设之间的矛盾，并一度被列入《濒危世界遗产名单》。后来经过设置合理的缓冲区和营造多样化的步行环境，不仅通过商业、旅游业的振兴推动了当地经济的发展，同时也使大教堂获得了良性的保护环境，为该市提供了一条经济振兴与文化遗产保存的双赢道路。这为我国协调城市文化遗产、文化环境保护与经济发展的关系提供了很好的借鉴。

1. 设缓冲区和步行区，延续非物质文化

遗产的周边环境是指紧靠古遗址和历史区域的、影响其重要性和独特性或是其重要性和独特性组成部分的周围环境。除了实体和视觉方面外，还包括与自然环境之间的相互关系和联结过去与现在的非物质文化遗产。缓冲区的设立是为了使古迹和现代文明有视觉上的过渡。因此，缓冲区内的建筑物和街道设计应该尽量与传统相协调；步行区起到了“文化传送带”的作用，有利于缓解经济开发与文化传承的矛盾，还有效解决了交通拥堵和环境污染的问题，但是不可过度开发；开放空间拓展了历史区域的文化氛围，为游客提供了观景和休憩的最佳场所；传统节庆活动使得当地的特色文化得以传承并为之增添了新的活力。

2. 有效的参与、管理、监督机制

在维护科隆大教堂周围缓冲区的过程中，从国际组织到国家高层管理部门，甚至还包括学校的科研机构，各种社会组织的介入才有效防止了高层建筑物对大教堂整体环境的破坏。同时，民众的呼声和媒体的监督也是不可小觑的力量。

3. 重视申遗成功后的保护

科隆大教堂从濒危到脱危的历程也是对世界遗产地后续保护的一个警示。《世界遗产名录》并非只增不减，如果遗产所在地政府不能保证在一定期限内采取必要措施有效保护该遗产的价值，使遗产地受到了严重威胁和破坏，使其失去了作为世界遗产的价值，该遗产将从《世界遗产名录》中除名。

人间国宝体制：歌舞伎

遗产信息

- 中文名称：歌舞伎
- 英文名称：Kabuki
- 遗产地址：日本
- 遗产类型：非物质文化遗产
- 批准时间：2005年
- 评定标准：《人类口述和非物质遗产代表作条例》
- 遗产评价：自古以来，歌舞伎演技一直是由家族世代相传的形式来延续。各个歌舞伎世家都有其祖传的擅长角色，这些角色通过家族成员的继承而流传下去。经过400年的历史演变，古典化的歌舞伎已经成为日本传统国粹文化的代表。

遗产特色

歌舞伎产生于16世纪末到17世纪初，是日本传统艺能之一，也是日本独有的一种戏剧。“歌舞伎”三字分别代表音乐、舞蹈和表演技巧。日本中世纪的能乐和狂言对歌舞伎的产生影响很大。

1603年(江户初期)，出云一位叫做阿国的巫女创作了一种“唸佛舞”。她在和当时名古屋的风流人物山三结成夫妻后，组织了一个剧团。山三善于唱俗歌，而阿国善于跳舞，他们这种歌舞结合的表演方式很受欢迎。原始形态的歌舞伎是穿着绚丽服装的妇女跳的一种舞蹈。早期的歌舞伎以女扮男、男扮女为主，观众主要看男女姿色，对演员技艺不太看重。歌舞伎剧团演出时以女为主，故称“女歌舞伎”。在歌舞伎演出的地方，人群繁杂且常发生打架斗殴，男演员也因争讨女性舞伴的欢心争吵，社会秩序混乱。

1629年，政府一度以歌舞伎有伤风化为由禁演，后来政府规定歌舞伎可以复活，但必须从出卖色相为主的表演变成以剧情为主，同时禁止妇女登台演出，由年纪较大的男子充当歌舞伎的正式演员。此时的歌舞伎变成了多幕剧，剧情向现实主义发展。后来，歌舞伎又引进日本民俗花道和西洋剧的旋转舞台。至此，歌舞伎得到公认，正式成为日本传统戏剧。

至1700年左右，歌舞伎形成了市川团十郎、松本幸四郎、中村歌右门、尾上菊五郎、片冈仁右卫门、市川左团六大派系，歌舞伎发展进入成熟阶段。

歌舞伎有描写贵族和武士的世界以及表现民众生活两大类主题，剧本有“义太夫狂言(狂言即故事)”“时代物”“世态物”“所作事”四种，内容涉及忠孝仁义，用歌舞伎表演的方式对市民进行劝善惩恶的道德教育。

日本歌舞伎名剧《连狮子》

遗产保护

歌舞伎发源于关西，江户后期转向关东，剧情也发生变化，出现了一股戏院文明化，使其成为上流社会社交场所的风潮。此时，涌现很多“活历剧”（历史剧）和“散切狂言”（新潮剧）等作品。后随着欧化主义倾向的衰退，歌舞伎又恢复了古典、保守的原貌，并沿袭至今。

1950 年 5 月 30 日，日本政府重新制定了《文化财保护法》，第一次提出“无形文化财”概念，开始重视对戏剧、音乐、工艺技术、各类民俗文化等的保护，强调应对非物质文化遗产进行调查、资料收集，采用增加资金投入、对技能持有者的保护等措施来推进保护工作。此外，日本的县、市、町、村各级政府，也根据《文化财保护法》，先后制定了《指定无形文化财的技艺保持者及保持团体的认定基准》法案，以巩固各地方对无形文化财的保护意识。

为了使歌舞伎的传统得以沿袭，1966 年日本政府设立国立剧场，恢复袭名（继承上一代演员的名号）旧习。

2004 年，日本文化厅文化审议会文化财产分会决定，向联合国教科文组织申报把歌舞伎列入《人类口头与非物质遗产代表作名录》。

2005 年，在歌舞伎诞生 400 周年之际，歌舞伎申报非物质文化遗产成功。为此，日本艺术文化振兴会、松竹和共同社在东京举办“歌舞伎 400 年展”，展出歌舞伎诞生以来到近代、现代的文史资料，邀请歌舞伎名角中村富士郎现场演出，歌舞伎演员现场化装表演，专家现场解说服装道具等。早稻田大学演剧博物馆举办为期 10 个月的“江户・明治歌舞伎展览会”，展示歌舞伎形成、完成、成熟和古典化的全过程，开展名演员和评论家讲座。日本邮政公社还专门

日本歌舞伎大师坂东玉三郎剧照

发行了面值80日元的“歌舞伎诞生400周年”纪念邮票。

保护模式

1. 国家财政保障和立法政策保护

日本出台了多部法律保护各种文化遗产和非物质文化遗产。特别是《文化财保护法》，它的全面性和系统性远远超过日本以往任何一部保护文化遗产的法律，对挖掘、保护和传承文化遗产起到了不可估量的作用。从1950年至今，日本的文化遗产保护法经历七次修改，逐渐成为一套完整成熟的法律体系。日本还建立了从县市到乡村覆盖全国的保护重要无形文化财产的专业协会，聚集了千万民俗文化艺术的传人从事传承活动。对于这种无形民俗文化财产的传承工作，除国家给予必要的资助外，社会团体、地方政府也都给予一定程度的赞助。

2. 首创“人间国宝保护体制”

《文化财保护法》中有一项“人间国宝”，它是指被个别认定的重要无形文化财产的保持者，他们都是在工艺技术上或表演艺术上有“绝技”“绝艺”“绝活”的老艺人，其精湛技艺受到日本政府的正式肯定，列为传承保护的对象，成为各相关方面的名人、名手。一旦认定后，国家就会拨出可观的专项资金，录制“人间国宝”的艺术资料，保存其作品，资助其传习技艺、培养传人，改善其生活和从艺条件。歌舞伎就是“人间国宝”的典型代表。据了解，日本文化厅年度预算超过1000亿日元，其中10%被用来保护国内重要有形文化财产和重要无形文化财产，而每年为每位“人间国宝”提供的经济补助为200万日元(约合12万元人民币)。日本政府不但对“人间国宝”在经济上给予补助，在税收等制度上也给予优惠，还给他们相当高的社会地位，以激励他们在工艺方面的创新和技艺方面的提高。

经验借鉴

1. “人间国宝保护体制”影响深远

首先，将非物质文化的保护上升到了法律的高度，提高了非物质文化保护的重要性和紧迫性。其次，在这一文化遗产理念的影响下，1955年，日本开始了以工艺技术和戏剧、音乐等古典表演艺术为对象的“重要无形文化财富”及民间艺人的指定工作。这些举措在抢救和保护无形文化遗产方面取得了显著成效，被联合国教科文组织大力推广，并被纳入“人类非物质文化遗产抢救和保护”的整体框架中。至今，这个体制已在韩国(1964 年)、泰国(1985 年)、菲律宾(1994 年)和法国(1994 年)得到推广和建立。从 1996 年开始，联合国教科文组织还在首尔、威尼斯、东京、马尼拉等地举办了数次“人间国宝保护体制国际培训班”，对非物质文化遗产保护起到了积极的推动作用。

2. 明确文化财产持有者的传承责任

日本法律明确规定，文化财产持有者同时也应该是文化财产的传承人。如果文化财产的持有者对自己的技艺密不传人，那么，无论他的技术有多高，都不会被政府指定为“人间国宝”或“重要无形文化财产的持有人”。这一系列具有较强操作性措施的颁布实行，对歌舞伎的保护起到了良好的促进作用。

例如，1991 年被日本政府认定为“人间国宝”，2001 年获得“文化功劳者”称号，2004 年摘取“文化勋章”的中村雀右卫门就是传统艺术的坚定捍卫者，十分强调保存原汁原味的歌舞伎艺术。1999 年，他开始担任传统歌舞伎保护协会会长一职。该协会成立于 1965 年，旨在正确地保护传统艺术，并且将其发扬光大。在中村的带领下，协会开始组织举办与歌舞伎有关的学术会议，对歌舞伎及其保护工作进行深入研究。为了让更多的小学生了解歌舞伎，中村还每年举办“体验教室”活动，普及歌舞伎的有关知识。

宪法保护：拉沃葡萄园梯田

遗产信息

- 中文名称：拉沃葡萄园梯田
- 英文名称：Lavaux，Vineyard Terraces
- 遗产地址：瑞士沃州
- 遗产类型：文化遗产
- 批准时间：2007 年
- 评定标准：文化遗产标准 C(III)(IV)(V)
- 遗产评价：拉沃葡萄园梯田位于洛桑至沃州之间的阿尔卑斯山南坡上，沿着莱蒙湖(日内瓦湖)面南的北岸延伸 30 千米。此地历史可追溯到 11 世纪罗马统治时期，圣本笃修会与西妥会僧侣掌控该地区的年代。大量遗留的屋舍、磨坊、堡垒和很多的景观以及当地的村落、小镇与密集栽培的葡萄树，反映着10个世纪之久葡萄酒生产方式的变化。拉沃的葡萄园的文化景观展示了在人类与自然环境长达数世纪之久的互动下，对当地资源做了最有效的运用，进而生产高价值酒品的杰出例证。在面对快速成长的城市聚落可能产生的危害时，当地的小区也为这个地区提供了许多保护的途径。

遗产特色

拉沃葡萄园梯田位于瑞士沃州的莱蒙湖畔，处在著名旅游城市洛桑和沃韦之间，脚下是波光粼粼的莱蒙湖，对岸是连绵起伏的阿尔卑斯山。

拉沃葡萄园梯田不是一小片葡萄园，而是一个地区，总面积 898 公顷，其中包括 574 公顷葡萄园和散落其间的 14 个小村落。拉沃地区西端距“奥运之都”洛桑仅 5 公里，东至雀巢公司总部所在地沃韦，全长约 18 公里。充足的阳光和湖边湿润的气候使这里成为瑞士著名的葡萄酒产地，来自炙热慷慨的太阳照射、波平如镜的湖水映射和在夜间散发着白天储存的热量的围墙让拉沃地区的葡萄园享受到充足的日照，被称为“三阳之地”，这也是出产优质葡萄酒原材料的重要因素。

拉沃葡萄园梯田始建于 12 世纪中叶，距今已有 800 多年。当时，瑞士教士们从山坡最为陡峭的德萨雷开始，开垦这片贫瘠的土地，他们用双手将山坡上的石头垒成一道道石墙，在上面堆积土壤，建成一道道梯田，种上一株株葡萄苗。之后，附近的村民也开始开垦山坡，搭建梯田，引导水流，浇灌葡萄园。“三阳之地”的拉沃非常适合葡萄的生长。因此，这里的葡萄产量越来越高，葡萄园规模越来越大，酿酒作坊越来越多。经过村民们数个世纪的辛勤劳作，葡萄种植和酿酒已成为拉沃地区支柱产业之一。这里生产的 6 个葡萄酒品牌远近闻名，德萨雷牌葡萄酒更是供不应求。很多游客慕名前来拉沃，到村民酒窖中品尝、购买葡萄酒。

享誉世界的拉沃葡萄

依山而建的葡萄园

在瑞士，拉沃葡萄园不仅仅有其农业用途，它更是该国一个知名度颇高的风景区。“梯田式”是拉沃葡萄园的美称，葡萄园依山而建，山势陡峭，被石块围成一块块小格子，从起始村落的13度陡然上升到40多度，有的地段几乎呈垂直状。用梯田来表达这种独特性非常准确。一层层，一排排，绵延到湖边，层层梯田又从湖边向上伸展，有的地方多达几十层。支撑梯田的古旧石墙规整有序，宛如一个个隔断。葡萄园止于几百米高的半山坡，之上是一条高速公路，再往上则是连绵森林。背后是莱蒙湖湛蓝的湖水，水面上游艇游弋，白帆点点，对岸则是连绵起伏的阿尔卑斯山脉，山巅隐约可见皑皑白雪。

拉沃葡萄园以其历史悠久的梯田式葡萄种植、酿造传统，旖旎的莱蒙湖风光和湖畔雄伟的阿尔卑斯景观闻名，从而成为世界遗产。

遗产保护

自19世纪70年代初，拉沃周围的洛桑、沃韦、蒙特勒等地区逐步城市化，这种趋势也威胁到拉沃这个宁静的“世外桃源”。一些房地产商觊觎拉沃湖光山色、林木葱茏的美景，试图在此建立高档别墅区。这一举动遭到民众的反对，为保护拉沃免受城市化侵蚀，在当地居民的支持下，瑞士生态学家弗朗兹·韦伯发起多次民众行动。1973年的“拯救拉沃”行动，要求将保护拉沃列入沃州州宪法。无奈，当时的沃州政府认为“拯救拉沃”这个说法夸大其词，以至于斗争一直持续了4年。终于在1977年，沃州就“保护拉沃”写入州法律举行全民公决，57%的居民投了赞成票，拉沃得以受法律保护。然而，沃州在1997年修改法律，将拉沃地区从受保护景点名单中除名。韦伯再次发起名为“拯救拉沃2”的行动，这次得到更多人的支持。在州全民公决中，80%的居民支持韦伯，而在沃州首府洛桑，支持率高达百分之百。拉沃再次纳入州法律保护之列。

“拯救拉沃”行动保护了拉沃葡萄园免遭毁坏，这才有后来的申遗之举。但是，拉沃葡萄园的申遗之路也充满着艰辛和坎坷。

早在1999年，沃州州政府就产生了申报拉沃为世界遗产的想法，随后，沃州有关部门制订了详细的申报计划上报联邦。然而，直至2005年12月21日，瑞士政府才决定为包括拉沃葡萄园梯田在内的五处瑞士人文、自然景观申报世界遗产。拉沃地区才能向联合国教科文组织递交报告，申请将拉沃葡萄园梯田列为世界文化遗产。随后，拉沃地区接受联合国专家鉴定，正式进入申报审批程序。2007年5月中旬，国际古迹遗址理事会积极评价拉沃葡萄园的价值，并推荐给联合国教科文组织。6月28日，遗产大会作出评定：拉沃葡萄园梯田体现出居民同环境之间为优化当地资源、酿制优质葡萄酒而进行的相互调整和适应，堪称世界文化遗产。

拉沃入选《世界遗产名录》无疑能增强该地区在世界上的吸引力，迎来更多游客；更重要的是，申遗的成功将在长时期内促进对该地区的保护。因为，申报世界遗产只是保护行动的新起点。

保护模式

1. 规划“缓冲带”

在申遗之后，拉沃仍然面临一些威胁，例如蜂拥而至的游客、日益逼近的城市化进程等。为免受城市化影响，拉沃在被列为世界文化遗产的地区周围划出一个约 1368 公顷的“缓冲带”，该地带内除了同样拥有葡萄园、草场、林地等景观外，部分地区已实现城市化。拉沃希望这条“缓冲带”能阻挡城市化进程的脚步，暂时保持“缓冲带”内的原汁原味。

2. 民众的“拯救拉沃”行动

拉沃地区在长时期内得到完善的保护都基于拉沃地区民众强有力的保护意识。早在申遗之前，保护拉沃葡萄园被写入宪法便是沃州民众力量的表现。“拯救拉沃”和“拯救拉沃 2”都体现了沃州民众保护拉沃葡萄园的决心。即使是在申遗之后，许多当地人仍然保持着冷静的态度，甚至对太多游客在葡萄园造访、影响了收获季节葡萄园主的工作颇有“微词”。拉沃入选《世界遗产名录》更加增强了民众的保护意识。过去，这里的葡萄园主谁也不服谁，都宣称自己的葡萄酒质优味美，而现在他们有了一个共同的标签——拉沃。

3. 坚持可持续发展

沃州村民们在开垦过程中始终注意因势利导，尽量保持景观的自然、完整，拒绝外部因素干扰，努力维护自己的“世外桃源”。为使拉沃地区得到持续保护，有关方面已制定一系列措施，在申报成功后加强监管，部分措施如新建建筑的位置、颜色，甚至修建一堵墙，都需经有关方面审批，在外人看来可能过于苛刻，但是在拉沃地区却已是共识。

经验借鉴

1. 寻求宪法保护

拉沃葡萄园在 1977 年和 1997 年两次的全民公决中，以绝大多数赞同而被纳入宪法保护之列。这是拉沃葡萄园能够在申遗之前保持自身的完整性的一大原因。宪法是最高法，与以往的遗产地独有的法律、地方性法规相比，具有更强的权威性。世界遗产有着人文和景观两个方面的价值，是人类历史和文化的见证。宪法的规定，可以使遗产地的保护位于最高法的保护之下。

2. 创造人与自然和谐相处的模式

拉沃地区也是受保护的建筑遗产，其中的村镇、道路、沟渠，当初在修建时无不经过仔细研究，本着不破坏整体环境的宗旨加以设计，努力做到与周围自然环境和谐一体。的确，拉沃地区的新村镇散落在山肩，一个小村子通常只有几十户人家，村民们住的都是石头或者木头房子，不超过 3 层，屋顶或红或白，点缀着周围绿野。800 多年来，这片“世外桃源”始终坚持人与自然“完美对话”，在来势汹汹的城市化进程中“独善其身”。瑞士拉沃葡萄园梯田成功申遗，为我们提供了如何在现代化建设进程中保护文化和自然遗产等严肃问题的答案。

3. 用人民的智慧维护“人间天堂”

瑞士著名诗人夏尔-费迪南·拉缪在其诗作《诗人之路》中写下歌咏拉沃葡萄园梯田的诗句：“上帝制造了陡坡，但是我们，让陡坡为我们服务，让陡坡存在，让陡坡延伸。”这几句诗很好地诠释了拉沃葡萄园梯田被列为世界文化遗产而不是自然遗产的原因。拉沃拥有得天独厚的自然景观，充足的日照，再加上人类的智慧、毅力和勤劳，才成就了今天这片天人合一的独特风景。中世纪，它依靠教士们的毅力和耐心才得以诞生；近现代，它仰仗村民们建造的宝贵梯田和数不清的石墙得以维持原样。可见，遗产保护需要全人类的智慧，需要大家共同维护“人间天堂”。

安静祥和的田园风光

价 值 篇

价值观是人类文明和文化的核心。作为文化和文明载体的世界遗产必然具有对价值的确认和诠释功能，它不仅仅从正面反映人类伟大的历史、伟大的创作、伟大的贡献，也从人类战争和罪恶等侧面反衬正面精神。

随着人类生存理念的变化，世界遗产的内容和种类也在不断调整中。与此同时，世界遗产的遴选标准也随之不断地扩展和变化。然而，万变不离其宗——具有突出的普遍价值，对于“人权、和平、尊重、发展”这些主题的召唤是共同的。

世界遗产事务是坚持文化尊重、促进和平对话、保持可持续发展的手段，体现着人类主流的价值观。在经济一体化的时代，只有保持每种文化的特性以及文化特征所依赖的环境，才能在多元的社会中有效地保障人权，实现和平、发展的目标。比如奥斯威辛集中营以勇敢自强的姿态面对耻辱与失败，给善忘的人类增强“记忆责任”，诉说战争与罪恶给人类带来的伤痛，呼唤和平与良性；日本广岛和平纪念公园营造了一种和平的场所精神，彰显的就是和平文化以及人类对和平的期盼；关押过曼德拉的罗布恩岛，见证了南非种族隔离制度最黑暗的岁月，它作为世界遗产，就是人类争取人权的一个符号；斯特鲁维地理探测弧线由10个国家跨国申报，实现了国家间的亲密合作，彰显了世界遗产开放的态度、共享的理念。

在保护文化多样性的同时，世界遗产保护的核心也包括保持生物多样性。许多世界遗产兼顾生物多样性和文化多样性的价值取向。云南省的“三江并流”遗产项目将丰富的地貌奇观和传统的少数民族生活方式融合于一体，展示了人与自然和谐共处的良性生态环境，是生物与文化多样性的典范。

世界遗产事务在全球运行30余年，将一种与时俱进的理念和价值观带给了全世界，已成为人类生活的重要组成部分，深深地影响着人们判断文化与自然价值的标准。

暴行警示：前纳粹德国奥斯威辛-比克瑙集中营(1940—1945 年)

遗产信息

- 中文名称：前纳粹德国奥斯威辛-比克瑙集中营(1940—1945 年)
- 英文名称：Ausschwitz Birkenau German Nazi Cooncentration and Extermination Camp(1940—1945)
- 遗产地址：波兰奥斯威辛
- 遗产类型：文化遗产
- 批准时间：1979 年
- 评定标准：文化遗产标准 C(VI)

▶ 遗产评价：奥斯威辛集中营，壁垒森严，四周电网密布，内设哨所看台、绞刑架、毒气杀人浴室和焚尸炉，由第一集中营和奥斯威辛—比克瑙集中营组成，用于消灭欧洲的犹太人，是希特勒种族灭绝政策的执行地，是第三帝国——纳粹德国最大的灭绝营。约有 400 万人(其中绝大部分是犹太人)在此经受严刑拷打，惨遭杀戮。奥斯威辛是纳粹德国犯下滔天大罪的历史见证。

遗产特色

虽然 60 多年过去了，第二次世界大战的硝烟已经散尽，但是这场劫难带给人们肉体上的痛苦和精神上的折磨，却是令人难以忘记的。在这场战争中，受难最深重的要数欧洲各地的犹太人了。他们被法西斯成批成批地送进集中营，在丧失基本人权的情况下遭受百般虐待和折磨，从事繁重的劳役，并被作为细菌实验的对象，大量死亡。这些都发生在臭名昭著的奥斯威辛集中营。

奥斯威辛是波兰南部一个只有 4 万多居民的小镇。第二次世界大战期间，德国法西斯在这里设立了它最大的集中营，这个小镇因此闻名于世。集中营内部壁垒森严，四周电网密布，设有哨所看台、绞刑架、毒气杀人浴室和焚尸炉，由奥斯威辛一号、奥斯威辛二号(比克瑙，Birkenau)、奥斯威辛三号(莫诺维茨，Monowitz)组成。在铁路两边是囚徒居住的一排排平房，房内阴暗潮湿，钉满 3 层木板通铺，一个 200 平方米的房间最多时竟然住了 1000 名囚徒。整个集中营占地面积约达 40 平方公里，是希特勒种族灭绝政策的执行地。1940 年到 1944 年，大约有 400 万人在这里惨遭杀害。在这些人中，约 90%的受害者是欧洲各国的犹太人，大多数受害者是被毒气室的毒气杀害，其他死亡原因是苦役、疾病、个别处决以及所谓的“医学实验”，是纳粹德国犯下滔天罪行的历史见证。

当“死亡列车”到达奥斯威辛站台时，人们就被赶出车厢，不许携带财物，并被强行排成男女两列，并且由纳粹医生分成可以劳动或进毒气室两类。不能干活的人被送往奥斯威辛二号(比克瑙)。那是标榜为“浴室”的人间地狱，成千上万的受害者在那里被毒气室“齐克隆 B”残害，尸体堆成金字塔形，面目极其狰狞可怕，浑身青紫、伤痕累累。杂役们再用提升机将尸体弄到焚尸炉里火化，火化后没有烧化的骨殖质则用磨碎机弄细后抛撒掉。为了跟上毒气室的杀人速度，焚尸炉采用最新发明的三层式的巨型焚尸炉。到后来这种焚尸炉也不够用，而且炉子经常烧坏，于是一个毒气室往往配上好几个焚尸炉。没有送往毒气室的人则被带到“检疫区”，在那里被剪掉头发、领取条状囚服并进行拍照、登记。囚徒个人的登记号码被纹在左臂上。然后，大部分囚徒被送往奥斯威辛一号、奥斯威辛三号或其他集中营干苦役。除此之外，德国法西斯还在集中营内设立了用活人进行“医学试验”的“病房”和试验室。纳粹挑选了许多被关押者进行医学试验，如试验便捷的绝育方法，对孪生子女进行活体或尸体解剖等种种惨绝人寰的实验。

从死难者那里得到的各种物品被列为国家战略物资。成箱的金表、项链、戒指、佩饰等，被送到当铺当掉，转换成党卫队的经费。最后，这类赃物已多到当铺拒绝接收的程度，希姆莱便以“马克斯·黑利格”的名字将它们存入德国中央银行里，塞满了三个大保险库。1943 年，集中营内建立起了炼金车间，将金首饰、金牙熔化成金锭，一天的最高产量达到 22 磅。救护车将金锭运往柏林。纳粹在救护车上涂着红十字标志，以避免盟军飞机的轰炸。余下的衣物被储存在集中营的一个专门的巨型仓库，代号叫“加拿大区”。其中的手表和钢笔等，用来奖励党卫队的骨干分子和伤员，衣服则用来赈济灾民。甚至尸体本身也不会被放过，毛发被织成袜子和地毯，身上的皮肤被做成灯罩，脂肪被做成肥皂，骨灰则卖给农民作为肥料。

奥斯威辛营房

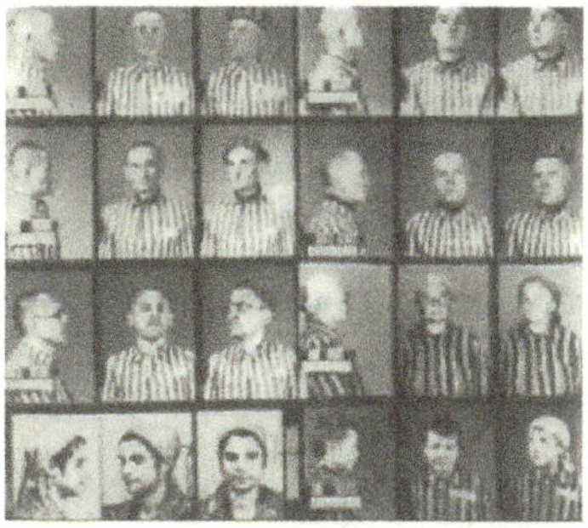

囚徒照

成堆的毛发和衣服

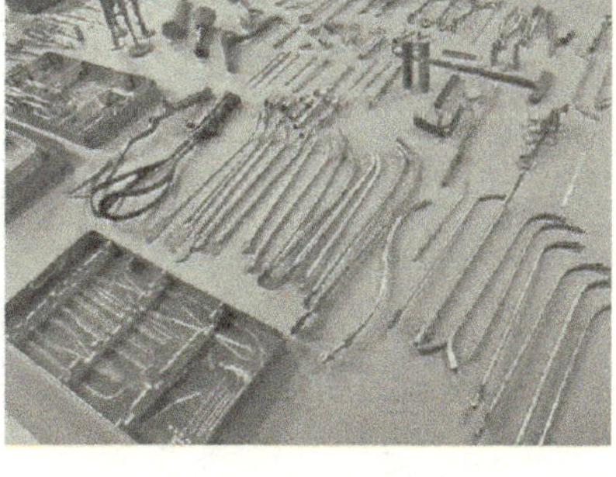

令人发指的试验工具

1945年初,纳粹德国面临失败,为消灭罪证,他们把这些大规模杀人装置炸毁了。但是,当苏军解放了奥斯威辛集中营,仍在该集中营中发现了1.4万条人发毛毯和纳粹德军没来得及运走的7.7吨头发。

奥斯威辛集中营记载了纳粹德军践踏国际准则、人道主义原则和所犯战争罪行的历史,这为当代人对这一史实的认识和评价提供了事实基础,作为特定的战争历史的实证和历史文化遗产,奥斯威辛集中营所具有的教育功能和认识功能蕴藏着重大的历史文化价值,对于谱写和平文化的篇章具有积极的促进作用。

遗产保护

1947年7月,波兰政府把奥斯威辛集中营改为殉难者纪念馆,展出揭露希特勒党卫军在集中营犯下的种种罪行的实证和图片,包括他们从囚徒身上掠夺的财物,以及囚徒在集中营进行地下斗争的各种实物和资料。事实上,奥斯威辛集中营只有奥斯威辛一号和奥斯威辛二号的一部分保留了下来供游人免费参观,其中许多杀人证据被纳粹销毁,后来,波兰政府根据当年的原貌又重建起来。

按照1972年联合国教科文组织通过的《保护世界文化和自然遗产公约》规定,文化遗产申报标准共有6条,其中第6条标准是“特殊的历史事件对人类的影响”。这一条标准,并不一定是正面的人类的伟大创造、伟大贡献、伟大历史。人类的灾难、战争、罪恶的遗迹等,也适用这一条标准,以其反面的形式强调正面的精神,它们用特殊的笔墨、沉重地表示光明和和平的主题。

纳粹德国惨无人道的大屠杀、种族灭绝、人体实验等种种罪行,可能只有通过数字才能表达得明白:惨死在该集中营的犹太人达100万左右,逃生20万人,苏联红军解放了奥斯威辛集中营,只找到7650名幸存者,其中有130名儿童,奥斯威辛集中营内的屠杀达到非常疯狂的程度的时候,每天有大约6000人被残忍杀害。为了使这罪恶的行径不再重演,让后人记住这段历史,1979年,联合国教科文组织将奥斯威辛集中营列入《世界文化遗产名录》,以警示世界“要和平,不要战争”。

波兰政府清楚地看到,奥斯威辛集中营在纳入世遗之后具有警醒世人的目的。每年,奥斯威辛集中营会迎来数十万来自世界各国的各界人士前来参观,凭吊那些被德国纳粹分子迫害致死的无辜者。

保护模式

1. 增强“记忆责任”

奥斯威辛集中营申请加入世界遗产是为了更好地保存纳粹留下的罪行，其目的是为了更能引起世人的警醒。奥斯威辛集中营非常明确自身的定位，虽然申遗成功，也只是得到了联合国教科文组织的重视和保护，更为重要的是挖掘出其历史价值。种族灭绝、大屠杀、奥斯威辛集中营……那是一段人类永远无法否认也不该忘记的历史。奥斯威辛集中营以保存人类战争和罪恶的形式，让每一个不明白真相的参观者深受教育，在心理、认识和态度上认识那段渐行渐远的残酷的人类历史，让善忘的人类增强“记忆责任”。奥斯威辛集中营的存在，对在这个世界上生存的每个个体都是硬生生的质问，诉说着历史的伤与痛，召唤良心与和平。前事不忘，后事之师。记录历史、纪念过去的目的其实只有一个——警示未来。现如今，不仅每一个犹太人都牢牢记住了纳粹对犹太人的大屠杀，而且对“纳粹屠犹”的纪念渗透到德国和欧洲社会的各个层面，纳粹屠杀犹太人的暴行为全世界所熟知的同时，像“纳粹屠犹”“奥斯威辛”一类与这一历史浩劫联系在一起的词汇早就超越了字面的含义，已经成为20世纪种族灭绝主义的象征，成为人类暴行的代名词。

2. 还原部分集中营

在二战结束之际，德国纳粹为了掩盖罪行，先行炸毁了多个杀人装置，妄想毁尸灭迹，反而欲盖弥彰。战后，波兰政府不但把奥斯威辛集中营改为殉难者纪念馆，以直白的方式揭露其滔天罪行，并且，当局还根据残存的照片和叙述，积极投入重建工作，以恢复遗址的完整性，搜集罪证，保存遗迹，还原了一部分集中营，使历史得以真实记录，也更加全面地再现纳粹屠杀的丑陋行径，为世人敲响警钟。

经验借鉴

1. 开创二战遗址申遗先例

奥斯威辛集中营的成功申遗为二战遗址申报世界文化遗产创下了先例。日本广岛和平纪念公园(二战原子弹爆炸地)申遗之际，曾派团队前往奥斯威辛集中营吸取经验，并于1996年也成功申遗。这两处二战遗址的申遗成功应当为我国多处二战遗址申遗提供经验借鉴。南京大屠杀与波兰奥斯威辛集中营惨案、日本广岛原子弹爆炸并称为二战史上的“三大惨案”。如今，奥斯威辛集中营和日本在原子弹爆炸处建造的和平纪念公园已先后列入世界文化遗产，为南京大屠杀纪念馆的申遗之路指明方向。“纳粹屠犹”和“南京大屠杀”是发生在第二次世界大战期间的两场浩劫，这两场浩劫程度之惨烈、手段之残忍、后果之严重应该说是空前绝后的，然而，“南京大屠杀”当时在中国以外的地方却几乎鲜为人知。我们应当借鉴犹太人在浩劫之后采取的铭记大屠杀的方式和努力，不忘苦痛的历史。

2. 创造了集中营文化

集中营文化与其他文化相比较有着自己的独特性，因此我们不能以泛文化的视角来看待集中营文化，而应当分清其主脉和支流、精华和糟粕，正确看待集中营文化。不能偏激地把集中营文化看成是把屈辱和灭亡包装成光荣和新生，实际上这是不断地粉饰过去的失败和悲哀。正视集中营文化，是勇敢面对失败和耻辱的一种表现。集中营文化展示的是一种以自信、自强的心态迎接挑战的信心。

3. 以负命题警示未来

所有世界遗产都是对一种价值的确认和诠释，世界文化遗产不一定是人类伟大的历史、创作和贡献，人类的战争和罪恶的遗迹则是以反面的形式强调正面精神。奥斯威辛集中营不容忽视的存在感，告诉世人通过“负命题”的方法，不但可以达到同样的目的，效果可能成倍显现。所以，与苦难、战争有关的遗产，不但能谱写和平文化的篇章，而且它的方式和手法更加震撼人心。

身穿囚徒服的孩子

和平文化：广岛和平纪念公园

遗产信息

- 中文名称：广岛和平纪念公园
- 英文名称：Hiroshima Peace Memorial
- 遗产地址：日本广岛市
- 遗产类型：文化遗产
- 批准时间：1996 年
- 评定标准：文化遗产标准 C(VI)
- 遗产评价：广岛和平纪念公园是 1945 年 8 月 6 日广岛原子弹爆炸区留下的唯一一处建筑。通过许多人的努力，包括广岛市民的努力，这个遗址被完好地保留了下来，一直保持着遭受原子弹袭击后的样子。广岛和平纪念公园不仅是人类历史上创造的最具毁灭性力量的象征，而且体现了全世界人们追求和平，最终全面销毁核武器的愿望。

遗产特色

1945年8月6日，美国在日本广岛上空投下原子弹，广岛成为一片废墟。第二次世界大战至今已有60多年，广岛也从战争的废墟中重新站起来。在广岛市街头，到处可见林立的高楼大厦，但在市中心有意存留着废墟——广岛和平纪念公园。

如今的广岛到处弥漫着和平的气氛，广岛和平纪念公园的每一个角落都体现着和平的主题。步入广岛和平纪念公园，最先看到的是一座荒废了的建筑物。这是当年原子弹爆炸后留下的建筑物，现在留下来供后人观览的“原爆圆顶馆”，是广岛的象征。屋顶上被烧弯了的钢筋裸露在外，外墙已塌落，这座半毁的建筑，向人们诉说着当时的惨况。在原爆圆顶馆旁边，坐落着广岛和平纪念资料馆、几座和平纪念碑、凭吊原子弹受害者的供养塔和慰灵碑及上面点亮着和平之灯的喷水池等，还成群放养着象征和平的鸽子。

“和平之灯”喷水池

原爆圆顶馆

原爆之子像，也被称为千羽鹤纪念碑。该名称来源于一个有着希望和憧憬的一千只纸鹤的故事。相传有一个12岁的女孩，十年前受原子辐射的影响，十年后病原发作。但是，她坚信，只要折完一千只纸鹤，便能恢复健康。然而，在她折完一千只纸鹤前，便去世了。之后，由日本学生和儿童捐献这座纪念碑来纪念那些死于原子弹爆炸的儿童。纪念碑顶端站着一个小女孩塑像。她双手高高托着一只大纸鹤，踏着庄严的步伐，在明亮的阳光中，她向前凝望，仿佛那纪念碑下，有数以万计的纸鹤。那一串串纸鹤由全国各地的孩子折成，代表着现代儿童美好的和平理想。

和平纪念公园洋溢着对和平的向往。巨手焰台上“和平之火”从 1964 年便开始燃烧，它象征着广岛人民期望和平的心愿如烈焰般炽热，它将一直燃烧下去，直到核武器从地球上消失为止。“和平之火”后面是“和平之池”。“和平之池”尽头便是马鞍形的原爆慰灵碑，碑中央停着一口大石箱子，里面存放着原爆受害者的名字。箱子上刻着一句话：“安息吧，过去的错误将不再重复。”

和平纪念馆承载着日本人民对错误的悔恨和对和平的憧憬。馆内展出的是当时的文件、遗物、图片及一些模型，它们是根据当时事发的经过而陈设的，仿佛在现场重现了当时那场可怕的经历，凸显出原子弹爆炸给人们带来的巨大灾害。后来，这个纪念馆也展出日本发动对中国和其他亚洲国家侵略战争造成严重后果的内容。纪念馆内的图片和文字，一致重现了原子弹核武器造成的人间悲剧，宣扬着战争是人类的公敌。广岛纪念原子弹爆炸受害者的一座大理石纪念碑上刻着：“让人们的灵魂在这里和平地安息吧！我们再不要重复错误！”

广岛和平纪念公园形象地描述了人类历史上首次使用核武器所造成的恐怖，它表达了全人类对和平共处的向往。它跨越时代，不断呼吁在地球上取消核武器，昭示保持人类和平的重要性。自那以后，来自世界各地的人们在这里祈祷和平，希望不再发生这种悲剧。

遗产保护

广岛和平纪念公园是和平的象征，向日本和世界人民昭示了和平的重要性。现今，和平纪念公园每年都会举行“原子弹爆炸死难者悼念活动”，借以凭吊悲惨的战争历史。但是，广岛和平纪念公园的申遗历程却是一波三折，最终的胜利表明日本民众的毅力及和平文化的深入人心。

1992 年 6 月，广岛市提出将原爆遗址申报世界遗产的建议，同时开始对遗址进行考察并收集相关资料，由此拉开了原爆遗址的申遗序幕。9 月，与日本国内主管世界遗产工作的文化厅纪念物课进行协商，但由于原爆遗址未满足申报条件，遭到否决。其后的半年里，广岛市反复向首相及相关机构请愿，多次协商，但都无果而终。

由于广岛市多次请愿毫无进展，1993 年初，广岛县工会联合会决定成立组织，发动民间力量，以推进申遗进程。经过半年筹备，6 月 7 日，“原爆遗址世界遗产化推进会”正式成立。为请求国家推荐原爆遗址申遗，推进会发起请愿签名活动，各地媒体争相报道，签名从全国纷纷寄来，不足 3 个月便超过百万。参、众两院议长均被此百万人请愿书打动，于 1994 年初先后予以采纳。与此同时，广岛市积极配合各项工作，促使原爆遗址的史迹指定问题迅速得到解决，并被指定为日本 1995 年的世界遗产推荐项。与此同时，广岛市积极开展对外考察与交流活动，派考察人员赴波兰奥斯威辛学习其申遗成功经验，并举办国际研讨会。1995 年初，整理出报告书《决定将史迹指定对象截止于第二次世界大战结束》，并获批准。广岛市随即为原爆遗址提交史迹指定申请，获得批准。由此，原爆遗址终于满足了推荐申遗的所有前提条件。

其后，受世界遗产委员会委托，国际古迹遗址理事会开始对日本推荐的文化遗产进行审查，并制定评价书。1996 年，世界遗产委员会分别于 6 月、11 月召开办公会议予以审议。其间，广岛当地举办了“原爆遗址写生大会”，为申遗营造气势。12 月，原爆遗址终于申报成功。

广岛和平纪念公园的申遗成功，表明世界人民对战争和和平的认识达到了另一个高度。广岛和平纪念公园每年都会迎来许多和平团体，举行纪念活动，宣扬和平精神。广岛和平纪念公园创造了一种“和平”的场所精神：广岛和平城市纪念碑，国立广岛追悼原爆死难者和平祈念馆，暴风骤雨中的母子塑像，祈祷之泉，和平之塔，和平之钟，还有一年四季昼夜燃烧不灭、以慰灵千万原爆死难者的“和平之火”，使所有参观过和平公园的人都被其感染到、教育到、震撼到，让人反省和深思。

保护模式

1. 号召公众的力量

广岛和平纪念公园在申遗的过程中，就表现出日本人民反省战争和向往和平的决心。在申遗之初广岛市请愿未果之时，民间成立组织以发动民众合力请愿；其后，广岛市成立推进委员会，以解决遗址的史迹指定问题；而后，文化厅成立协力者会议，以商榷近代史迹的指定方式。在申遗进程中的不同阶段，有针对性地成立推进主体组织，实力强大且任务明确，具有很高的社会影响力与感召力，有利于工作的组织与推进，同时注重调动民众力量，使得各项工作的开展更为高效。另外，广岛和平纪念公园每年都会举行“原子弹爆炸死难者悼念活动”，参加的民众数不胜数。同时，广岛和平纪念公园每年都会迎来许多和平团体，举行纪念活动，宣扬和平。

2. 营造“和平”的场所精神

广岛和平纪念公园弥漫着一种“和平”的场所精神，走过和平大桥之后，便会感受到一种特有的氛围。不仅游人的表情格外庄重，就连草地上的乌鸦、鸽子也像是有了某种灵性一般静静地守卫在这块具有特殊意义的土地上。在和平纪念公园内，一些死难者的后代和志愿人员会在广场上散发“反核”的文件和传单，人们默默地签名、默默地捐款、默默地祈祷和平永驻。“和平之音”遍布整个公园：广岛和平城市纪念碑，和平之火、和平之塔，和平之钟，这些和平的代表物，使所有参观者无不受其教育。他们感受到“和平公园”传达出来的应有之义：要使人类真正实现持久的和平，就需要超越国家和种族的局限。

默哀的人群

放流和平之烛

3. 注重对外宣传与交流

广岛和平纪念公园申遗中充分发挥媒体的宣传影响力，营造了良好的氛围，从而获得了国内外广泛的支持。最初为争取国家支持，发起请愿签名活动，通过媒体宣传，获得了更为广大的公众力量支持；同样，和平纪念公园设计方案采用国际竞标方式，也起到很大的宣传作用；在审核之际，广岛当地举办“原爆遗址写生大会”，使申遗气势迅猛高涨。此外，积极开展对外交流与学习。广岛市派考察人员赴波兰奥斯威辛集中营遗址学习成功经验；举办国际研讨会，听取多方意见与建议；日本有关官员走访世界遗产委员会各成员国开展交流，争取了有力支持。申遗成功后，仍然十分重视遗产宣传工作。2005 年 4 月 22 日，日本邮政公社发行《世界遗产——广岛和平公园》邮票 2 枚。

《世界遗产——广岛和平公园》邮票

经验借鉴

1. 传递历史对人类的警醒

第二次世界大战给人类带来的伤痛不是一朝一夕就能抚平的，也是永远不能忘怀的。各国政府应当认识到战争文化遗址对提升本地文化底蕴所具有的重要价值；同时，也应当认识到其在民族前进甚至全人类前进的道路上具有的警示作用。在现代城市建设中，保留具有重要价值的战争文化遗址，显示真实、悲怆的历史非常必要。它们在书写人类悲剧历史之际，也时刻传递着警醒和希望：切勿重蹈战争覆辙。

2. 宣扬和平文化

从暴力文化转向和平文化，需要国家和国际两级力量来动员全社会。和平文化是基于在社会各级和国际上遵从自由、正义、民主、容忍、团结、合作的原则，达成对多元化文化的谅解，进行多样性对话。和平文化的充分发展，有利于宣扬和平的价值观，促进个人、群体、国家形成正确的行为模式和生活方式。那些惨绝人寰的战争遗址，如广岛和平纪念公园、奥斯威辛集中营、南京大屠杀纪念馆等从侧面呼唤着人类珍惜和平，尊重生命。

人权保障：罗布恩岛

遗产信息

- 中文名称：罗布恩岛
- 英文名称：Robben Island
- 遗产地址：南非开普敦市罗布恩岛
- 遗产类型：文化遗产
- 批准时间：1999 年
- 评定标准：文化遗产标准 C(III)(VI)
- 遗产评价：从 17 世纪到 20 世纪，罗布恩岛曾有过不同的用途，它曾经是监狱、不受社会欢迎的人的医院和军事基地。它的建筑，特别是那些在 20

世纪后期用来关押政治犯的最安全的监狱，象征着民主和自由战胜了压迫和种族主义。罗布恩岛上的建筑是其阴暗历史最有说服力的见证。罗布恩岛及其监狱建筑象征人类精神、自由和民主战胜压迫的勇气。

遗产特色

罗布恩岛长约 4 公里，宽约 2 公里，平坦无峰，依傍在非洲大陆南端的小小海洋中，至今已有近 400 年的历史。它距开普敦本土约 11 公里，从开普敦城市的海岸可以用肉眼发现它的存在，是个美丽的岛屿。但是，历史上它还曾是一个用于放逐、隔离和囚禁的监狱，是被当权统治者用来流放那些在他们的价值体系中被认定的政治犯、社会流氓和讨厌之人的地方。

自 1525 年葡萄牙船队往岛上流放犯人起，它就有了监狱的功能。17 世纪中叶开始，欧洲殖民者不断将反抗的黑人部落首领及其族人关押于此，同时，也引发了不断的越狱抗争。1846 年罗布恩岛开始用做医院，隔离精神病人、麻风病人及其他无法医治的病人。第二次世界大战期间它又变身为军事防御基地，二战后改为海军训练中心。20 世纪 60 年代初在南非种族隔离政策猖獗时，又改为监狱，专门关押黑人男子，曾有多达 3000 余名犯人在岛上度过牢狱生涯。直至 1996 年，岛上所有的囚犯都被释放后，这里被南非改成了一个旅游场所。

从开普敦市水门广场的曼德拉之门出发，只要 25 分钟的船程即可驶抵罗布恩岛。当然，罗布恩岛留给人们最深刻印象的还是它的监狱。因为，岛上的监狱关押过无数像曼德拉这样的抗争者，代表着以肤色、文化压迫别的种族和对这种压迫进行最坚忍反抗的双重象征意义。

岛上参观的核心点是曼德拉住过的小号囚室。南非前总统曼德拉漫长的 27 年铁窗生涯中，有 18 年在这里度过。他被关在有“最危险的政治犯人”之称的 B 区牢房第 5 号牢房。牢房本身仅有 4 平方米左右，右边靠墙处支着一张弹簧矮床，左面靠墙处摆着一张小桌和靠背塑料椅。小桌左上方安着 3 个用于装杂物的铁盘，右上方的高墙上开着一扇铁窗。牢房顶部悬有一盏日光灯，但屋内没有开关，那盏灯的开关在牢房外的门边。曼德拉在他的自传中说，他躺下后头顶着有铁窗的那面墙，脚便可触到铁门的另一面墙，牢房内他只需迈三步便从一头走到另一头。B 区监狱出口处有一扇密不透风的门，约有半米多厚，如石壁一般，上下都有轨道，靠机械推拉才能开关。而这个黑人领袖的隔离室对面就是一排关满了猎犬的房子。如今再次走进这些房间，狭小的地方已经没有了猎犬的踪迹，但是留下的一张张凶残的猎犬照片还是让人们触目惊心。

曼德拉曾言罗布恩岛是“南非戒备最为森严、条件最为苛刻的服刑地”。但是，在严酷的劳役过程中，曼德拉始终没有放弃自己的信念。他与同伴相互激励，使牢狱变为一所特殊的“大学”。在狱中，曼德拉坚持学习大学课程，并偷偷写完了自传《通向自由的漫长之路》，回顾投身争取自由人权斗争的生命历程。这本书被翻译成多种文字出版，影响到了全世界各地的人们。

罗布恩岛是南非沿海岛屿中最大的一个，它承载着如此厚重的历史和丰富的自然资源。到 1996 年底，监狱的犯人被全部释放，罗布恩岛作为监狱的历史已不复存在。但其承载的文化内涵却并未消退。罗布恩岛的名望，以其“维护南非种族隔离制度的”代名词，关押过南非新政权的第一个黑人总统曼德拉而响亮，它是人权的象征符号。

劳动中的曼德拉　　　　铁窗中的曼德拉

遗产保护

1994 年新南非成立后，非国大政府决定将岛上的犯人迁走，把监狱改为国家级博物馆，以教育后代。1996 年博物馆正式设立，1997 年 1 月 1 日，罗布恩岛正式成为向公众开放的博物馆。为了体现南非种族和解的精神，部分导游是曾经被关押在罗布恩岛的政治犯，另外一部分导游是罗布恩岛曾经的看守人员。他们本着自由、平等的人权精神为参观者做声情并茂的解说，并提供相关的指导。自 1997 年开放至今，到岛参观的人数已超过百万，参观者以欧洲人和南非当地人为多。

从1525年流放犯人到种族隔离，罗布恩岛无时无刻不在迎接反抗和越狱，正如曼德拉所言，罗布恩岛代表着种族隔离者对奋起反抗者施行最严酷肉体和精神折磨的炼狱所在，也是反种族主义统治的斗士们进行最坚韧反抗的凤凰涅槃之地。因此，南非政府一直在努力游说联合国教科文组织，他们认为罗布恩岛如同广岛和奥斯威辛集中营一样，也应被宣布为世界遗产所在地。在当今和平和发展为主流的时代，人权是应有之义和基本要素，并且与它们互为保障。世界遗产诠释人权是其必然的责任，因为相应的遗产项的诞生变得紧迫和必要。

1999年在南非政府的不懈努力下，罗布恩岛被联合国教科文组织宣布为世界遗产，成为非洲第一个获此称号的历史遗址。

罗布恩岛一直在响应人权在全世界范围内的普遍价值。正如现任罗布恩岛博物馆理事会主席特拉达先生所说："我们不会忘记种族隔离制度的残暴，但是我们不想让我们曾经忍受的苦痛在罗布恩岛上重演。我们更愿意罗布恩岛代表争取自由和尊严的成功，象征战胜欺辱、压迫的勇气和决心，见证一个新南非，超越一个旧南非。"罗布恩岛要告诉世人的是，这里是全体南非人民曾经斗争过的地方，是赢得斗争胜利的地方。在此关押的8位重要政治犯中，后来曼德拉成为了国家总统，另有4人成为了省长。这说明，为了正义而战，斗争是不会失败的。罗布恩岛博物馆陈列的一切说明人类正义的事业是不可阻挠的，人类正义的声音和精神是永恒的。

保护模式

1. 负命题呐喊人权保障

变昔日地狱为今天丰碑，是负命题形式的另一种表现。从17世纪到20世纪，罗布恩岛曾有过不同的用途。罗布恩岛上一切用来种族隔离、政治压迫的监狱建筑，无一不是蔑视人权、压迫弱者的累累罪证。罗布恩岛像昔日的奥斯威辛集中营一般，在南非的历史上扮演着文明退步的角色。与此同时，也是那些泯灭人性的阴暗历史最有说服力的见证。曼德拉出狱之后成为南非总统，南非现在贯彻的种族和解政策与曾经的监狱变身为世界文化遗产，都象征着民主、自由、人权战胜了狭隘、自私和压迫。罗布恩岛也已成为为人权而斗争的战场和呼吁人权保障的呐喊地。

2. 旅游与文化共同发展

自罗布恩岛成为公共开放的博物馆以来，全世界各地的游客便络绎不绝地来到此地。在罗布恩岛开阔、平坦的土地上，除了那些众所周知的监狱设施，还有城堡、灯塔、古迹，另外还有包括非洲企鹅和羚羊在内的各类野生动物。虽然罗布恩岛有着优美的自然风光，但光这个不足以被列为世界文化遗产。罗布恩岛胜在其拥有的兼具压迫和对压迫做出反抗性质的监狱文化，表现出了反对种族隔离、要求人权的历史。这让罗布恩岛的存在超越地理环境因素，展现出的不屈不挠与种族主义当局作斗争的顽强精神撼动着参观者的心灵。现如今，罗布恩岛俨然已成为著名的旅游胜地，每年接待游客超过20万人次。旅游胜地不但让罗布恩岛享誉世界，让更多的游客慕名而来，了解其中蕴含的深意，而且也为保护世界遗产提供资金和舆论支持。

经验借鉴

1. 促进人权在世界范围内的保障

争取和维护人权是全世界人民的共同事业，在不同的国家、地区有着不同的历史，他们各具价值，值得纪念。例如，白人对黑人的种族歧视，不仅在南非，甚至遍布世界各个黑白人种聚居的地方，而且，从古至今持续了几个世纪，从未停息。人权具有普遍价值，具体的人权世界遗产项应当引起注意，做出相应维护。

2. 拓宽世界文化遗产的内涵

《世界遗产公约》随着时代的发展，其内涵也在不断扩大，譬如人权、和平、平等都是时代发展对于人类的要求，同时，也是世界遗产必须加以诠释和保护的遗产项。1972年《世界遗产公约》只确定了文化遗产、自然遗产、文化与自然双重遗产三种遗产类型，但在此公约实行了40年之后，新的遗产类别不断涌现，需要我们不断地进行调整与扩充。

文化与生物多样性:云南三江并流保护区

遗产信息

- 中文名称:云南三江并流保护区
- 英文名称:Three Parallel Rivers of Yunnan Protected Areas
- 遗产地址:中国云南省西北青藏高原南延的横断山脉纵谷地区,包括怒江州、迪庆州以及丽江市、大理州的部分地区。
- 遗产类型:自然遗产
- 批准时间:2003 年
- 评定标准:自然遗产标准 N(I)(II)(III)(IV)
- 遗产评价:三江并流自然景观位于云南省西北山区的三江国家公

园内，包括八大片区，面积170万公顷，是亚洲三条著名河流的上游地段，长江（金沙江）、湄公河和萨尔温江三条大江在此区域内并行奔腾，由北向南，途经3000多米深的峡谷和海拔6000多米的冰山雪峰。这里是中国生物多样性最丰富的区域，同时也是世界上温带生物多样性最丰富的区域。

遗产特色

三江并流是指发源于青藏高原的金沙江、澜沧江和怒江三条大江在云南省境内自北向南穿越担当力卡山、高黎贡山、怒山和云岭等崇山峻岭之间并行奔流170多公里，形成世界上罕见的“江水并流而不交汇”的奇特自然地理景观。其中澜沧江与怒江的最短直线距离不到19公里，澜沧江与金沙江最短直线距离只有66公里。

三江并流自然景观涵盖范围170万公顷，由怒江、澜沧江、金沙江及其流域内的山脉组成，包括云南省丽江市、迪庆州、怒江州的9个自然保护区和10个风景名胜区。

三江并流地区是世界上蕴藏最丰富的地质地貌博物馆，从760米的怒江干热河谷到6740米的卡瓦格博峰，汇集了高山峡谷、雪峰冰川、高原湿地、森林草甸、淡水湖泊、稀有动物、珍贵植物等奇观异景。

怒江第一湾

“三江并流”世界遗产提名地由八大片区组成。四山夹三江的典型地貌奇观将它们有机地组合在一起，分别代表不同流域和不同地理环境下各具特色的生物、地质、景观多样性，相互之间存在着整体价值上的互补性和典型资源上的不可替代性，由此构成三江并流世界遗产提名地资源价值的“唯一性和完整性”。

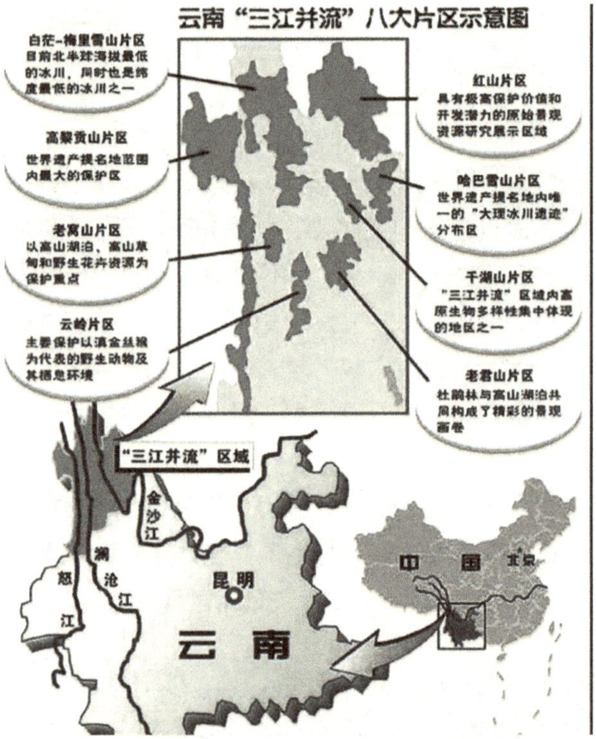

云南“三江并流”八大片区示意图

三江并流地区生活着藏族、傈僳族、纳西族、白族、普米族、怒族、独龙族等 14 个少数民族，其中独龙族、怒族、普米族、傈僳族、纳西族 5 个民族是当地特有民族，他们长期与自然和谐相处形成的传统生活方式，创造了丰富多彩的民族文化，他们独特的民居建筑形式和居住环境构成了三江并流自然大背景中的文化景观。

三江并流地区是欧亚大陆生物群落最富集的地区，这里拥有中国 20%以上的高等植物和 25%的动物种数。目前这一区域内栖息着滇金丝猴、羚羊、雪豹、孟加拉虎、黑颈鹤等 77 种珍稀濒危动物和国家级保护动物以及秃杉、桫椤、红豆杉等 34 种国家级保护植物和 200 多种杜鹃、近百种龙胆、报春及百合等野生花卉。

藏民居

遗产保护

1988 年，国务院批准设立三江并流国家重点风景名胜区。

1993 年，三江并流正式列入中国申报世界遗产的预备清单。

1998 年，经云南省委、省政府同意，云南省建设厅正式向中国联合国教科文组织全委会和国家建设部提出申报申请并得到支持。

2002 年 1 月 17 日，经国务院批准，中国联合国教科文组织全委会、外交部、建设部联合发文同意，三江并流成为中国唯一的世界遗产申报项目正式报送到联合国教科文组织世界遗产中心。

2002 年 10 月 8 日至 20 日，国际自然保护联盟的专家对云南三江并流地区进行实地考察。2003 年 6 月，该联盟向联合国世界遗产委员会推荐，建议将三江并流按满足世界自然遗产全部四条标准列入《世界遗产名录》。

2003 年 7 月，三江并流保护区以满足自然遗产全部标准列入《世界遗产名录》。

保护模式

1. 专项立法保护

三江并流区域除国家和云南省地方政府的相关法律制度保障外，还设有专门的区域法律、规章、条例进行专项保护。如《云南省丽江纳西族自治县林业管理条例》《云南省丽江纳西族自治县玉龙雪山管理条例》《云南省怒江傈僳族自治州林业管理条例》《云南省三江并流国家重点风景名胜区管理规定》《云南省丽江纳西族自治县红豆杉资源保护管理办法》《云南省玉龙纳西族自治县拉市海高原湿地保护管理条例》等。

2. 成立专门管理机构

早在20世纪90年代中期，云南省政府就确立了严格保护、合理开发、统一管理、永续利用三江并流景区资源的方针，并于1999年底颁布了《云南省三江并流国家重点风景名胜区管理规定》，成立了省、地(州)、县三级三江并流专门管理机构，具体负责景区的规划、保护、开发、建设和日常管理。目前三江并流区域内的2个国家级和6个省级自然保护区都成立了专门的保护机构。

3. 加大资金投入、人才队伍建设和教育宣传

在大力实施“天保工程”“水保工程”“扶贫攻坚”等环境保护工程的同时，近20年来，国务院和云南省先后投入数十亿元在三江并流及其相关地区实施了“天然林保护工程”“水土保持工程”“珍稀野生动植物保护工程”等大型环保项目。同时，云南省三江管理局还加强了法律、法规知识和旅游服务方面的培训，从地州管理部门到县级管理部门都进行轮流培训。三江并流区内各学校也加强环境保护等方面知识的教育，通过老师—学生—家长三个环节，宣传环保理念，做到家喻户晓，人人皆知。

经验借鉴

1. 国际综合性保护合作研究

2008年，云南省政府与美国大自然保护协会合作进行“云南三江并流流域保护与开发”项目，旨在通过实施适应性保护与发展战略，借助滇西北生物多样性与文化多样性的繁荣，促进当地经济社会长期发展。目前，项目主体纲要正在拟定中，大纲致力于生物多样性、文化多样性、可持续经济以及区域规划等四个板块的研究，由15个不同研究机构主持，项目办设在昆明，在丽江大研古镇建立了办公室，负责指导第一个拉什海边项目，主要包括湿地管理、生态旅游规划、沼气温室示范以及可持续渔业管理等。

2. 习惯法对生态环境的保护

习惯法是指滇西北各民族传统文化中不属于现代意义的法律范畴，反映全体氏族成员的共同意志和利益，靠全氏族成员的认同而自觉接受和无条件遵守的约定俗成的规则。村民们平时自觉服从习惯法的规定，并对那些破坏

森林、乱捕滥猎的行为进行监督，报告村社组织按规定处理。其中，白族和彝族不仅把村规民约写于纸上，还有不少村寨把村规民约刻于石碑上，便于传之后世，这些代代相传的村规民约对各民族地区生态环境保护产生了深远影响。

3．民族文化对生态环境的保护

纳西东巴古文化中有一种“人与自然是兄弟”的思想。在这种思想智慧的基础上，产生了相沿千百年的民族传统生态观。东巴教中有一个规模宏大的仪式叫祭“署”，它对纳西族的生产活动和社会生活、生态道德观等有很大的影响。东巴教认为乱砍滥伐、污染水源、盲目开山劈石、乱捕野生动物是惹怒“署”的几个主要原因，祭“署”仪式也是为上述行为招致“署”报复的人化解灾祸。在“人与自然是兄弟”思想的支配下，纳西族民间产生了一整套保护自然生态的习惯法，以此制约着人们对待自然界的行为，并且逐渐形成了一些有益于自然生态环境和人们生活的社会规则、禁律。正是这种将自然界万物也视为一种有尊严的生命体的观念，三江并流区的少数民族人民所居住的地域才长期保持了人与自然和谐、生态良好的环境。

跨国共享：斯特鲁维地理探测弧线

遗产信息

▶ 中文名称：斯特鲁维地理探测弧线

▶ 英文名称：Struve Geodetic Arc

▶ 遗产地址：芬兰、挪威、瑞典、俄罗斯、拉脱维亚、爱沙尼亚、立陶宛、乌克兰、白俄罗斯和摩尔多瓦

▶ 遗产类型：文化遗产

▶ 批准时间：2005 年

▶ 评定标准：文化遗产标准 C(II)(III)(VI)

▶ 遗产评价：斯特鲁维地理探测弧线是一个三角测量链，北起挪威哈默菲斯特(Hammerfest)，南至黑海，弧线穿越 10 个国家，长 2820 公里。弧线是

天文学家弗里德理西·格奥尔格·威廉·斯特鲁维(Friedrich Georg Wilhelm Struve)于1816至1855年期间进行测量的测量点，代表着人类首次对子午线长短的精确测量。这一测量帮助人类掌握了地球的确切大小和形状，是地球科学和地形绘图学发展中的重要一步。这个弧线不仅是多国科学家通力合作的一个特例，也是多国君主为科学事业联袂协作的一个特例。原始弧线包含258个主要三角形和265个测量站点。列入世界遗产名录的弧有34个原始测量站点，带有各种不同标记，如岩石钻孔、铁十字、堆石标或方尖石碑。

遗产特色

斯特鲁维地理探测弧线对于世界遗产来说，是一个独特的存在。它由10个国家共同享有，是世界遗产史上空前绝后的突破。

斯特鲁维地理探测弧线以19世纪俄国天文学家F. G. W. 斯特鲁维的名字命名。斯特鲁维是俄国著名的天文学家，有生之年一直致力于天文学的发展与突破。在他的一生中，最为重要的一次天文学运动是在1816年至1855年间主持了一次重要的地球子午线测量活动，涉及国家众多，是现代科学史记录中第一次精确测量子午线的距离。这次子午线的测量不仅谱写了天文学史上突破性的篇章，也是造福后世的伟大举措，它对其后建立标准的初始子午线及标准的地图绘制，起到了重要的规范作用。它不仅是历史上多国科学家通力合作的典范，也是多国君主及政府为科学事务相互协作的范例。

俄国天文学家斯特鲁维

爱沙尼亚塔尔图天文台

这项世界遗产所包含的子午线测量地点群，范围从挪威北部的港口城市哈墨菲斯特至黑海，穿越 10 个国家，连线总长共 2820 公里。在 19 世纪初，斯特鲁维主持测量时，测量地点分布于各国各地，一共有 258 个测量小组，265 个测量站点。至 2005 年，斯特鲁维地理探测弧线被遴选入《世界遗产名录》之际，选择了其中 34 个具有代表性的测量点遗址作为遗产的基本构成内容。斯特鲁维地理探测弧线的实物主要包括测量时遗留的标志性结果，如岩石钻孔、铁十字架、石堆界标以及纪念碑等相关建筑物。

斯特鲁维测量点分布图

斯特鲁维地理探测弧线作为世界遗产的突出价值在于：首先，它属于“现代遗产”，它见证了两个世纪以来人类在科学测量子午线活动方面的发展步伐，是人类在天文学领域的突破性发展。现代遗产在世界遗产中被定义为 19 世纪以后产生的人类的杰出创造，以巴西利亚、特拉维夫白城、德国包豪斯建筑为典型代表。但是，斯特鲁维地理探测弧线作为集合性的项目，在范围和跨度上，超越了以往的任何一项现代遗产，又为现代遗产增添了全新的风貌。其次，它是见证人类文明发展过程的一项“科技遗产”。以往的科技遗产以“点”为主，如沃达蒸汽机厂、威堡广播电台；以“线”为特点的

斯特鲁维地质测量地点

也仅限于一国之内，如印度的大吉岭喜马拉雅铁路。但是，此次斯特鲁维地理探测弧线作为集合性项目，体现了科技遗产的“点”“线”结合，它的弧度跨越了近 3000 千米，10 个国家，可谓是极大的突破。

遗产保护

2005 年，斯特鲁维地理探测弧线以跨国遗产的身份申报成功，成为芬兰、挪威、瑞典、俄罗斯、拉脱维亚、爱沙尼亚、立陶宛、乌克兰、白俄罗斯和摩尔多瓦 10 个国家共同拥有的 1 项世界遗产。这是世界遗产历史上首次有 3 个以上的国家共同申报 1 个项目并且成功进入《世界遗产名录》的申遗项目。相比较以往的 20 余年间共生产过 14 项物质类的跨国遗产，均为两国共有，10 国共享，的确是突飞猛进的收获。此次申遗的成功也传达出世界遗产事务在全球开展 30 余年来不懈合作与共享的基本精神力量。

斯特鲁维地理探测弧线的申遗之路并非一帆风顺，在其背后是申遗者的执着、坚持和坚信。

1993 年世界科学大会上，专家 Aarne 提议，将斯特鲁维测量线上的各个连接点遗址作为申报世界遗产的项目。

1994 年，国际测绘联盟大会上，专家 Seppo 提交了一份提案，得到了许多专家的响应。

其后的 5 年间，各国专家书面协调和交流相关事宜，各国测绘组织及政府主管部门亦给予支持。最后几年的汇总、比较、选择及整理系统完备文件的工作，交由芬兰测绘局局长 Jarmo Ratia 领导的一个班子来完成。

2004 年 1 月 28 日，由芬兰文化部部长 Tanja Karpela 代表 10 个国家的政府，致信联合国教科文组织世界遗产委员会，同时提交了一套完整的文件卷宗，这个最精确子午线的测量地点群正式申报世界遗产。

2005 年，完备的准备工作得到完美的结局，斯特鲁维地理探测弧线一举成功，列入《世界遗产名录》。

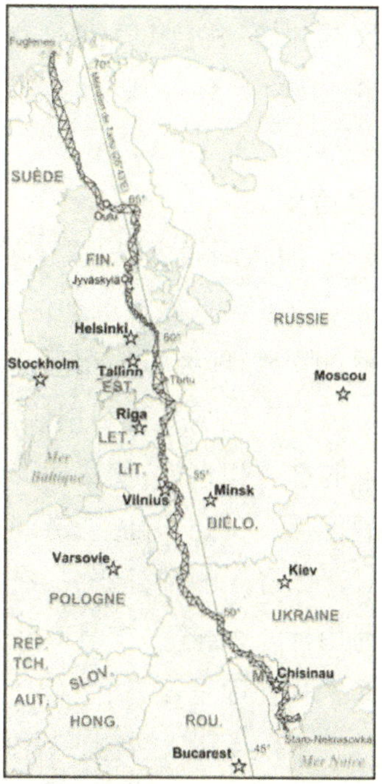

斯特鲁维测量点分布图

保护模式

1. 集合最广泛的人力、物力

斯特鲁维地理探测弧线包含的子午线测量地点群，范围从挪威北部的港口城市哈墨菲斯特至黑海。这些测量点位于不同的国家不同的位置，对于遗产地的保护工作而言是一个难度不小的挑战。不同的风土人情和法律条规都是遗产保护的阻碍，但是，斯特鲁维地理探测弧线却在10个国家达到共识，集合最广泛的人力、物力，有意识地去保护。各国测绘组织及政府主管部门亦给予大力支持。

2. 专业应对申遗事项

为申遗做好充足的前序准备工作，运筹帷幄、有备无患是斯特鲁维地理探测弧线成功申遗的重要保障。这项遗产之所以能申报成功，各个测量点政府、专家12年之久的精心准备是不容忽视的。从1995年到2005年，为使斯特鲁维地理探测弧线成功申遗，相关政府和组织精心准备申遗事项，达到专业水准。从提议申报到确定提案再到书面协调和交流申遗的相关事宜，从进行申遗的汇总、比较、选择及整理系统完备文件到提交完整的文件卷宗，10个国家的政府、相关组织和专家通力合作，付出了很大的心血和努力，体现了世界遗产事业国际合作与共享的坚定信念。

经验借鉴

1. 加强沟通交流及宣传普及

采取组建世界遗产地保护协会等多种合作形式，增强各遗产地相互间的联系；进行管理经验的相互交流，互派管理人，实现遗产地信息共享，共同提高对资源的管理水平和利用效益。同时，系统地、循序渐进地开展世界遗产资源知识的普及和宣传，使更多的人主动承担起保护遗产的责任与义务，加入参与者的行列。在此基础上，借助社会尤其是学术界、舆论界与企业界的力量，开展对遗产资源的基础研究，有针对性地采取行之有效的保护措施，制止过度开发利用行为，培养一支具有较高水准的保护人才队伍，以适应日益复杂和艰巨的保护和管理重任，拓宽各遗产地管理人员的视野，不断提升管理档次。

2. 树立开放、包容、共享的遗产理念

世界遗产事务是坚持文化尊重、促进和平对话、保障持续发展的重要手段，主张人类的主体价值观。跨国扩展世界遗产项目，无疑是世界遗产丰富历程中的重要一步，是其美好篇章中曼妙的一笔。跨国扩展的成功因素在于国家与国家之间有善意、宽容的态度，保持一种开放的姿态。既然世界遗产的法律主体是全人类，那就表示世界遗产是全人类的财富，没有必要拘泥于一国一地，国界在其面前应当淡化。斯特鲁维地理探测弧线这个10国共享的跨国遗产的启示意义是重大而深远的，坚持寻求国际间的合作与共享是世界遗产未来的发展之路。

后　记

2006年，为了适应专业建设的需要，我校开设了汉语言文学专业。在以工科为主，强调培养具有国际视野的应用型人才的学校中如何办好中文专业，如何为大学的文化素质教育服务，成为我和同仁们苦苦思考的问题。

在一方面为我们中国丰富的物质和非物质的文化遗产而骄傲，另一方面又为不时见诸媒体的对国人文明素养特别是对文化遗产缺乏基本尊重的批评而唏嘘感慨之时，在大学开设文化遗产保护教育课程，使具有普世意义的世界遗产精神成为大学文化素质教育重要内容的想法便油然而生。因此，感谢浙江科技学院在人才培养中对于国际素养的强调，以及在教学过程中对于研讨式教学、项目教学等教学方法改革的重视，使我在文化遗产保护课程的教学过程中可以大胆探索；也感谢自2008年以来每年参加文化遗产保护课程，以及自2010年以来参与世界遗产保护典型案例研究开放实验课程学习的所有同学们，正是你们旺盛的学习热情激励我在资料极度缺乏以及行政工作十分繁忙的情况下坚持教学与科研，可以说所有参加过相关课程学习的同学都为本书在资料搜集方面做出了贡献。当然，此书稿最终得以完成，是得益于我文化学教学团队的同仁——程永艳副教授、李正爱博士、凌喆博士的帮助，他们用将近一年的时间在书稿的修改、完善等方面做了大量的工作；我校浙江省社科普及示范基地的郑淑琪、易翔宇、赵芳以及浙江大学的敖晶博士等为本书提供了大量的图片资料。此外，非常欣喜的是，曾经是我校文化遗产保护课程的学生，现为浙江大学比较文学与世界文学专业研究生的胡宇华、钱蓓慧、肖宇同学也高质量地完成了本书的部分写作任务。这本身就是社科普及、提升人才培养质量的丰硕成果！

本书能够出版特别要感谢的是浙江省社科联。正是缘于他们对社科普及工作的高度重视，建立了有效的机制，才使这部书稿的构思得以成为社科普及的课题，又在成果完成后得到全额的出版资助并进入省社科规划课题，这对于有志于开展社科普及教育的同仁们是莫大的鼓励和鞭策！同时，对大力支持本书出版工作的浙江工商大学出版社，特别是刘韵及王黎明两位老师的辛勤劳动表示衷心的感谢！

本书在写作过程中借鉴、参考了大量的著作、论文、图片等资料，考虑到作为科普读物的可读性需要，未一一注明，在此表示十分的抱歉和诚挚的谢意！由于资料不足、水平有限，本书也定会有错误与疏漏之处，还望各位专家、同仁、朋友批评指正！

叶 晗

2013 年金秋于浙江科技学院小和山

主要参考文献

[1] 文化部中华文化信息网,浙江摄影出版社.中国的世界文化和自然遗产[M].杭州:浙江摄影出版社,2002.
[2] 顾军,苑利.文化遗产报告[M].北京:社会科学文献出版社,2005.
[3] 孙克勤.世界文化与自然遗产概论[M].武汉:中国地质大学出版社,2005.
[4] 单霁翔.城市化发展与文化遗产保护[M].天津:天津大学出版社,2006.
[5] 单霁翔.从"功能城市"走向"文化城市"[M].天津:天津大学出版社,2007.
[6] 中国艺术研究院,中国非物质文化遗产保护中心.中国非物质文化遗产普查手册[M].北京:文化艺术出版社,2007.
[7] 董晓萍.全球化与民俗保护[M].北京:高等教育出版社,2007.
[8] 刘红婴.世界遗产法[M].北京:高等教育出版社,2008.
[9] 张松.历史城市保护学导论——文化遗产和历史环境保护的一种整体性方法[M].上海:同济大学出版社,2008.
[10] 纪江红.世界文化与自然遗产:上、中、下[M].北京:华夏出版社,2008.
[11] 费尔登·贝纳德,朱卡·朱可托.世界文化遗产地管理指南[M].刘永孜,刘迪,等,译.上海:同济大学出版社,2008.
[12] 赵勇.中国历史文化名镇名村保护理论与方法[M].北京:中国建筑工业出版社,2008.
[13] 顾江.文化遗产经济学[M].南京:南京大学出版社,2009.
[14] 邵甬.法国建筑·城市·景观遗产保护与价值重现[M].上海:同济大学出版社,2010.
[15] 慕琳.中国第一批世界文化遗产的诞生[J].中国文化遗产,2004(2).
[16] 樊海强,权东计,李海燕.大遗址产业化经营的初步研究[J].西北工业大学学报:社会科学版,2005(3).
[17] 梁学成.多元化旅游产品:文化遗产资源开发的必然选择[J].旅游学刊,

2010(5).
[18] 张磊.历史文化遗产保护与发展[J].河北建筑工程学院学报,2012(1).
[19] 安诣彬,邵甬,弗兰克·舍雷尔.世界遗产地管理体制与方法初探——以法国里昂市为例[J].国际城市规划,2010(3).
[20] 肖锡维.西班牙世界文化遗产保护工作及其启示[D].北京:对外经济贸易大学,2006.
[21] 陈怡.西班牙圣地亚哥德孔波斯拉朝圣之路——基督教精神遗产的启示[J].中国文化遗产,2011(6).
[22] 王咏,陆林,等.古村落型旅游地管理体制研究——以黟县西递、宏村为例[J].安徽师范大学学报:自然科学版,2006(6).
[23] 刘魁立.当俄罗斯旧礼仪派"塞梅斯基人"走向世界的时候[J].民俗研究,2008(4).
[24] 刘庆柱.秦始皇陵遗址公园建设的思索[J].群言,2003(7).
[25] 张军,蔡玲,高翔,刘茂昌.对秦兵马俑彩绘保护技术的思考与建议[J].文物保护与考古科学,2007(1).
[26] 王航宇,黎婷,王计平.虚拟现实技术在世界文化遗产保护中的应用——以秦始皇陵为例[J].数字技术与应用,2012(6).
[27] 贺学君.韩国非物质文化遗产保护的启示——以江陵端午祭为例[J].民间文化论坛,2006(1).
[28] 黄杰.从岁时民俗特征比较中韩端午节端午祭[J].浙江大学学报:人文社会科学版,2007(4).
[29] 中国少数民族音乐学会,贵州省音乐家协会,黎平县侗族大歌申报世界非物质文化遗产领导小组.侗族大歌研究五十年[M].贵阳:贵州民族出版社,2003.
[30] 杨晓.侗族大歌[M].杭州:浙江人民出版社,2009.
[31] 吴定国.侗族大歌申遗之研究——侗族大歌申报世界人类非物质文化遗产的历程[J].贵州民族学院学报:哲学社会科学版,2009(2).
[32] 路方芳,齐一聪.基于日本文化财登录制度对中国文化遗产保护制度的思考[J].安徽农业科学,2011(30).
[33] 韩玉玲.意大利文物保护考察漫记[J].中原文物,2001(3).
[34] 阎宏彬.意大利的文物保护——中意合作文物保护培训班意大利考察报告[J].文物世界,2005(6).

[35] 路智勇. 试论“可识别”原则的相对性——兼论文物保护修复中可识别程度的把握[J]. 中国文物科学研究,2010(4).
[36] 伍清辉. 提炼地方文化以提升城市的可识别性——从两个案例看中小城市标志性广场的景观设计[J]. 建筑与文化,2010(9).
[37] 李永华. 巴西利亚——最年轻的“世界人类文化遗产”[J]. 世界文化,2004(6).
[38] 沈孝辉. 城市规划建设和管理的全新理念——巴西城市生态与文化考察[J]. 群言,2008(3).
[39] 石晓风,魏薇. 巴西利亚城市设计的人性化与形式美思考[J]. 华中建筑,2011(4).
[40] 骆中钊. 福建土楼的传统形态与保护[J]. 城乡建设,2008(10).
[41] 韩振华,赵娟. 形式借鉴、遗产保护与精神寄托——论“福建土楼”的当下价值及其保护[J]. 山东建筑大学学报,2009(1).
[42] 张祖城,郑向敏,兰晓原. 对福建土楼申遗成功前后保护工作的思考[J]. 四川林勘设计,2010(1).
[43] 王国平. 保护西湖 申报“世遗”——关于西湖风景名胜区综合保护的思考[J]. 中共杭州市委党校学报,2002(6).
[44] 陈文锦. 西湖定义:最能体现中国传统文化核心价值的审美实体[J]. 风景名胜,2009(1).
[45] 石群. 西湖申遗成功的深层解读[J]. 长沙大学学报,2012(1).
[46] 田慧芬,袁宝银,徐晓霞. 曲阜文物古迹保护修建纪实[J]. 走向世界,1999(3).
[47] 唐顺英. 曲阜:孔子家乡文化修学旅游开发研究[J]. 社会科学家,2004(5).
[48] 钦白兰. 曲阜“古泮池”礼性教育意义叙述[J]. 辽宁工程技术大学学报:社会科学版,2013(3).
[49] 殷力欣. 阿富汗巴米扬河谷的历史文化遗存[J]. 建筑创作,2006(9).
[50] 姜珊. 记录犍陀罗佛教文明 巴米扬山谷的文化景观内涵[J]. 城市环境设计,2011(7).
[51] 李春霞. 联合国教科文组织在区域性文化遗产保护方面的经验[J]. 重庆文理学院学报:社会科学版,2011(1).
[52] 文爱平. 新中国成立 60 年来的长城保护工作[J]. 北京规划建设,2009(6).

[53] 玛丽·吉福德,何玉华.英国的国家信托公司[J].文化译丛,1981(4).
[54] 赵琳.走访布莱尼姆宫[J].中国文化遗产,2010(3).
[55] 郝伟.国家信托:英国遗产保护的成功实践[J].社会与公益,2012(10).
[56] 田远新,李艳.中意合作文物保护修复[J].中国文化遗产,2004(12).
[57] 阎宏彬.意大利的文物保护——中意合作文物保护培训班意大利考察报告[J].文物世界,2005(6).
[58] 鲍兆燕.努比亚古迹的新生[J].世界知识,1980(12).
[59] 俞天颖.上尼罗河的明珠——努比亚[J].世界博览,2003(11).
[60] 邓明艳,罗佳明.英国世界遗产保护利用与社区发展互动的启示——以哈德良长城为例[J].生态经济,2007(12).
[61] 杨丽霞.英国世界遗产地哈德良长城保护管理的启示——兼议大运河申遗及保护管理[J].华中建筑,2010(3).
[62] 蒋朝晖,龙慧,王娅.拉萨布达拉宫地区保护及整治规划的思路和方法探索[J].城市规划通讯,2005(12).
[63] 胡海燕.世界文化遗产利益相关者管理的理想模式研究——以布达拉宫为例[J].西藏大学学报:汉文版,2006(1).
[64] 高亚男.UNESCO 保护非物质文化遗产的实践及其对我国的启示[J].浙江学刊,2012(3).
[65] 陈旭东.奥斯维辛创伤与否定的哲学[D].上海:复旦大学,2012.
[66] 杨小平.记忆的展示和表象空间的构建——以广岛原爆记忆的保存和展示为中心[J].马克思主义美学研究,2010(7).
[67] 鲁丹.广岛原爆遗址成功申遗之启示[J].学理论,2011(12).
[68] 云南省三江并流管理局.世界自然遗产地——"三江并流"的概况及其保护工作的进展[J].中国园林,2011(5).
[69] 辛文华.云南省三江并流区域资源环境保护法律对策的建立[D].昆明:昆明理工大学,2006.
[70] 刘红婴.十国共享一项遗产　诠释世界遗产本质[N].中国旅游报,2005－8－22(8).